MW00908289

Spanish Traditional Ballads
from Aragon

Spanish Traditional Ballads from Aragon

Collected and Edited by

Michèle S. de Cruz-Sáenz

With the Collaboration of
Teresa Catarella

Musical Transcriptions by
Christina D. Braidotti

And with a Foreword by
Samuel G. Armistead

Lewisburg
Bucknell University Press
London: Associated University Presses

© 1995 by Associated University Presses, Inc.

All rights reserved. Authorization to photocopy items for internal or personal use, or the internal or personal use of specific clients, is granted by the copyright owner, provided that a base fee of $10.00, plus eight cents per page, per copy is paid directly to the Copyright Clearance Center, 222 Rosewood Drive, Danvers, Massachusetts 01923.
[0-8387-5304-3/95 $10.00 + 8¢ pp, pc.]

Associated University Presses
440 Forsgate Drive
Cranbury, NJ 08512

Associated University Presses
25 Sicilian Avenue
London WC1A 2QH, England

Associated University Presses
P.O. Box 338, Port Credit
Mississauga, Ontario
Canada L5G 4L8

The paper used in this publication meets the requirements
of the American National Standard for Permanence of Paper
for Printed Library Materials Z39.48-1984.

Library of Congress Cataloging-in-Publication Data

Spanish traditional ballads from Aragon / collected and edited by
  Michèle S. de Cruz-Sáenz with the collaboration of Teresa Catarella
  ; musical transcriptions by Christina D. Braidotti ; and with a
  foreword by Samuel G. Armistead.
     p. cm.
  Includes bibliographical references (p.   ) and index.
  ISBN 0-8387-5304-3 (alk. paper)
  1. Ballads, Spanish—Spain—Aragon—Texts. 2. Folk songs,
Spanish—Spain—Aragon—Texts. 3. Folk music—Spain—Aragon.
I. Cruz-Sáenz, Michèle S. de (Michèle Schiavone), 1949–
II. Catarella, Teresa. III. Braidotti, Christina D.
PQ7001.A72S65 1995
782.42162'6104655—dc20   95-9256
                                                               CIP

Printed in the United States of America

I dedicate this book to my beloved twin sons,

Sebastian Francis Cruz-Schiavone and
Gonzalo Edward Cruz-Schiavone,

who accompanied me with great enthusiasm
on my field work expeditions throughout
Aragon

Contents

The Ballads

Foreword

The Hispanic ballad tradition, the *Romancero*, in all its diverse chronological and geographic manifestations, constitutes an incalculably vast, complex, and rich body of poetry.[1] In these final years of the twentieth century, when most Western European linguistic domains have already lost their multisecular ballad traditions as living, dynamic, constantly evolving oral processes, the speakers of Hispanic languages—Spanish, Portuguese, Catalan, Judeo-Spanish—still continue to sing the traditional narrative poems sung by their ancestors seven centuries ago.[2] As a living oral tradition, the Hispanic *Romancero* extends from the early fourteenth century to the present day and occupies a geographic expanse stretching from Spain and Portugal to the most distant reaches of the Hispanic world: from North Africa and the Near East to the Atlantic islands—the Azores, Madeira, and the Canarian Archipelago—and to essentially every region of Ibero-America. Even some of the most out of the way corners of Spanish, Portuguese, and Catalan overseas expansion, in Europe, Asia, Africa, and America, still attest to vestiges—at the very least—of the ballad tradition as an integral part of Hispanic culture and as a predictably constant correlate of the Hispanic languages.[3] In the words of Ramón Menéndez Pidal, who pioneered the systematic modern exploration of the Hispanic ballad tradition: "The traditional *Romancero* exists wherever it can be sought out in the vast territories where Spanish, Portuguese, and Catalan are spoken."[4]

This enormously rich poetic tradition can still be captured in its full traditional vigor in some archaizing areas of the Iberian Peninsula and in the Atlantic islands, and a number of dramatic discoveries of uniquely rare and poetically excellent versions have come to light only in the last few years.[5] Yet the reports of recent field workers generally tend to depict, with discouraging consistency, a once vigorous tradition that is now entering a stage of perilous and perhaps terminal decline.[6] As was the case earlier on with other European ballad traditions and their overseas extensions, now the Hispanic *Romancero,* having enjoyed an exceptional reprieve of a generation or two, is also inevitably destined to disappear, to fall victim to the changing patterns of twentieth-century consumer society

11

and the pervasive mass media. Everywhere the tradition is gravely endangered and, as it declines, we find that, among the narrative themes being collected, it is usually the best known, the most common, and the least exceptional which predominate and survive in the local repertoires.[7] Faced with a discouraging panorama, some researchers might be tempted to give up, to acknowledge the death of the *Romancero* as a *fait accompli*, and to stop collecting *romances*. Such a step would, I believe, be a grave error. There are still important insights to be gained, dramatic discoveries to be made.[8] This venerable tradition, despite the grave crisis it is currently going through, continues to guard its unknown treasures, and still can yield invaluable information, either through the discovery of some previously unknown rarity or, more usually, through the enrichment of our perspectives on the complex traditional life of already well known narrative themes. While the *Romancero* continues to live, we must continue to collect, to document, and to study it as an evolving traditional process.

In her extensive ballad-collecting expeditions to the Aragonese region of Spain, Michèle de Cruz-Sáenz has made an invaluable contribution to Hispanic ballad studies. Not only has she filled a significant gap in *Romancero* geography, but she has documented the tradition at a perilous moment in its life. The texts recorded here have much to teach us about many things: the Aragonese modalities of Pan-Hispanic themes, the current state of the tradition, and a topic which has recently become the concern of several ballad scholars: the contributing factors and the significant symptoms in the death of a ballad tradition.[9] As would be expected in a collection formed in the mid and late 1980s, many of the narrative themes encountered here are relatively well known. We will recognize a number of old favorites, ballads that, in many cases, have their origins in the late Middle Ages and that, in the modern tradition, have been recorded, not only in Iberia, but in Hispano-America—from New Mexico to Argentina—in the Atlantic islands, and in the Hispano-Jewish communities of Morocco, the Balkans, and Israel. Such ballads are *Blancaflor y Filomena, La vuelta del marido (é), El conde Niño, La adúltera (ó), Silvana, Delgadina,* and *Gerineldo,* among others.[10] A crucially important aspect of ballad studies is the task of bringing together an extensive, representative, and geographically diverse body of variant texts.[11] The more texts we have, the more we will learn. Potentially, every single text counts, no matter how fragmentary. Any new version may yield an important new insight.[12] Yet, if we have here many well known themes, some little known rarities have also survived, if only in fragmentary form, in the extensive corpus Michèle de Cruz-Sáenz has brought together: *¿Por qué no cantáis la bella?* is known to have survived on the Peninsula in its full form only in Aragon, but published texts are a great rarity.[13]

Another unusual ballad is *La calumnia de la reina,* a rare medieval story of feminine vengeance. Its startling ferocity is quite in harmony with the earliest manifestations of the Castilian epic.[14]   Several versions of *El Conde Niño* in the present collection attest to vestiges of yet another rare ballad: *La guardadora de un muerto.* The best is text *p,* where the contamination is extensive (vv. 9–19), embodying many of the essential narrative segments of this little-known song.[15]

After months of painstaking research, having visited a total of two hundred eighty towns and villages in Aragon, Michèle de Cruz-Sáenz has done a great service to ballad scholarship in bringing together the present collection, one of the most extensive volumes of Hispanic ballads yet to be published in North America.[16]   All who study the traditional literature of Hispanic peoples owe her a debt of gratitude.

Samuel G. Armistead

Notes

1. Note Diego Catalán's authoritative discussions of current issues in ballad scholarship: El proceso de transmisión oral y el estudio de modelos literarios abiertos," *Ethnica* (Barcelona) 18 (1982): 53–66, and "The Artisan Poetry of the *Romancero*," in *Hispanic Balladry Today*, ed. Ruth H. Webber (New York: Garland, 1989), pp. 1–25.

2. For the earliest documentation of Spanish ballads, see Diego Catalán, *Siete siglos de Romancero* (Madrid: Gredos, 1969), pp. 13–81.

3. On the *Romancero*'s Pan-Hispanic character and the survival of ballads even in the most "exotic" areas of the Hispanic world, see my article, "¿Existió un romancero de tradición oral entre los moriscos?" in *Actas del Coloquio Internacional sobre Literatura Aljamiada y Morisca*, ed. Alvaro Galmés de Fuentes (Madrid: Gredos, 1978), pp. 211–36, where I reference instances from Alghero, Goa, Malacca, Philippines, Guam, Louisiana, Hispanic Jews from Djerba and Fez, Tunisian *Moriscos* (pp. 216–17). Manuel da Costa Fontes has recently pointed out to me a Cape Verdean text in verse and prose, which adapts the ballad of *Bela Infanta* (Elsie Clews Parsons, *Folk-Lore from the Cape Verde Islands*, 2 vols. [Cambridge, Mass. and New York: American Folk-Lore Society, 1923], II, 190–91: no. 129).

4. Ramón Menéndez Pidal, *El Romancero español* (New York: Hispanic Society 1910), p. 103; *Romancero hispánico*, 2 vols. (Madrid: Espasa-Calpe, 1953), II, 358; *Estudios sobre el Romancero* (Madrid: Espasa-Calpe, 1973), p. 68.

5. For the tradition's continued vitality, particularly in the northwestern areas of the Iberian Peninsula, see, for example, Flor Salazar and Ana Valenciano, "El Romancero aún vive: Trabajo de campo de la CSMP: «Encuesta Norte-77», " *El Romancero hoy: Nuevas fronteras*, ed. Antonio Sánchez Romeralo et al. (Madrid: Cátedra-Seminario Menéndez Pidal, 1979), pp. 361–421; Suzanne H. Petersen et al. eds., *Voces nuevas del romancero castellano-leonfls*, 2 vols. (Madrid: Gredos, 1982); Ana Valenciano, "Survival of the Traditional *Romancero*: Field Expeditions," in *Hispanic Balladry Today*, ed. Ruth H. Webber, pp. 26–52. Manuel da Costa Fontes's monumental collection from Trás-os-Montes attests to the continuing vitality of that archaic tradition: *Romanceiro da Província de Trás-os-Montes:*

Distrito de Bragança, 2 vols. (Coimbra: Universidade, 1987). For the Portuguese Atlantic islands, see Pere Ferré et al., *Romances Tradicionais* (Funchal: Câmara Municipal, 1982); Manuel da Costa Fontes, *Romanceiro da Ilha da S. Jorge* (Coimbra: Universidade, 1983); Joanne B. Purcell, *Novo Romanceiro Português das Ilhas Atlânticas,* I, ed. Isabel Rodríguez García (with Joaõ A. das Pedras Saramago) (Madrid: Seminario Menéndez Pidal, 1987). In general, continental Portuguese also gives the impression of a somewhat better preserved tradition than many areas of the Castilian domain. See, for example, the fine regional collections brought together by Pere Ferré (and his co-workers, Vanda Anastásio,

6. Note, for example, my report (with Israel J. Katz) on our field trip to Soria Province: "In the Footsteps of Kurt Schindler: Ballad Collecting in Soria" in *El Romancero hoy: Nuevas fronteras,* pp. 257–66: especially pp. 261–62 and the references cited there. Similar news of a diminished tradition reaches us from Catalonia, thanks to the extensive fieldwork of Salvador Rebés and Isabel Ruiz. See S. G. Armistead et al., "El Tercer Coloquio Internacional sobre el Romancero y otras Formas Poéticas Tradicionales," *La Corónica* 11:2 (1983): 312–17: p. 313. The current situation of the Judeo-Spanish tradition is particularly grave. See my article (with Joseph H. Silverman), "Field Notes on a Ballad Expedition to Israel," *Shevet va-'Am* 4 (9) (1980): 7–27. On the relative vitality of the various geographic subtraditions, see Diego Catalán's observations in "The Artisan Poetry," p. 23, n. 4.

7. See again our article on the Soria tradition, "In the Footsteps of Kurt Schindler." The almost exclusive predominance of the most common text-types is particularly striking in recent attempts to collect ballads from both of the Judeo-Spanish subtraditions. Compare, for example, Daniel Sherr, "Seis romances judeo-españoles de Barcelona" (with musical transcriptions by I. J. Katz), *La Corónica* 12:2 (1984): 211–18; Grace Benveniste, "Five Sephardic Ballads Collected in Los Angeles," and Carol Merrill-Mirsky, "Three Judeo-Spanish Ballads from the Island of Rhodes collected in Los Angeles," *La Corónica* 14:2 (1986): 258–62 and 263–67; Andrea Warren Hamos, "Ten Judeo-Spanish Ballads from the Eastern United States," *La Corónica* 16:2 (1988): 86–92.

8. For some recent and particularly dramatic discoveries, compare, for example, Jesús Antonio Cid, "Recolección moderna y teoría de transmisión oral: *El traidor Marquillos,* cuatro siglos de vida latente," in *El Romancero hoy: Nuevas Fronteras,* pp. 281–359; Diego Catalán, "El romancero de tradición oral en el último cuarto del siglo XX," *El Romancero hoy: Nuevas Fronteras,* pp. 229–32 (for the rediscovery of *Lanzarote y el ciervo del pie blanco*) and "Hallazgo de una poesía

marginada: El romancero de tradición oral," *Estudios de folklore y literatura dedicados a Mercedes Díaz Roig,* ed. Beatriz Garza Cuarón and Yvette Jiménez de Báez (Mexico City: Colegio de México, 1992), pp. 53–94 (for the discovery of a modern version of *Durandarte y Belerma*); Maximiano Trapero, *Romancero de la Isla del Hierro* (Madrid: Seminario Menéndez Pidal, 1985) and *Romancero de la Isla de la Gomera* (Madrid: Cabildo Insular de la Gomera, 1987) (for previously unknown Canarian forms of such exceptional *romances* as *Virgilios, Lanzarote y el ciervo, Río Verde, Por el Val de las Estacas*). For more on these and other rare ballads in Canarias, see Trapero's article "Hunting for Rare *Romances* in the Canary Islands," *Hispanic Balladry Today,* ed. Ruth H. Webber, pp. 116–48; also his "El romance *Río Verde:* Sus problemas históricos y literarios y su especial relación con Canarias," *Anuario de Estudios Atlánticos* 37 (1991): 207–37, and *El romance de «Virgilios» en la tradición canaria e hispánica* (Las Palmas de Gran Canaria: El Museo Canario, 1992). Recent fieldwork, such as Luis Suárez's exploration of the Andalusian Gypsy Repertoire, has even led to the discovery of an entire previously unknown branch of the tradition—replete with highly distinctive and very rare ballad types. See Teresa Catarella, "A New Branch of the Hispanic *Romancero,*" *La Corónica* 17:1 (1988): 23-31. Thanks to Michèle de Cruz-Sáenz's field work in Costa Rica, we now have, for the first time, a precise knowledge of that tradition and its characteristic narrative themes (*Romancero tradicional de Costa Rica,* [Newark, Del.: «Juan de la Cuesta», 1986]).

9. The cultural and sociological reasons for the tradition's decline are perceptively explored, from a Judeo-Spanish vantage point, by Rina Benmayor, "Social Determinants in Poetic Transmission," in *El Romancero hoy: Historia, Comparatismo, Bibliografía Crítica,* ed. S. G. Armistead et al. (Madrid: Cátedra-Seminario Menéndez Pidal, 1979), pp. 153–65. Andrea Warren Hamos has succeeded in identifying the characteristic symptoms in the demise of a ballad tradition. *The Crisis in the Sephardic Ballad Tradition in the United States* (Ph. D. dissertation University of Pennsylvania, 1982). See also her article in *La Corónica* 16:2 (1988): 86–92.

10. For basic bibliographical references, see my *Romancero judeo-español en el Archivo Menéndez Pidal (Catálogo-Indice de romances y canciones),* 3 vols. (Madrid: Cátedra-Seminario Menéndez Pidal, 1978), and, for exhaustive listings, Costa Fontes, *Romanceiro de Trás-os-Montes,* II, 1323–79.

11. On the importance of collecting massive samplings of texts, see Menéndez Pidal, *Romancero hispánico,* II, 440–1.

12. For a startling vindication of what had seemed to be a thoroughly insignificant reading, see S. G. Armistead, Oro A. Librowicz, and J. H. Silverman, "El rey don García de Galicia y Portugal en un romance sefardí de Marruecos," *La Corónica* 12:1 (1983-84): 107–12: 109.

13. The only previously published text I can recall is from the Menéndez Pidal collection and was edited by Paul Bénichou, "La belle qui ne saurait chanter: Notes sur un motif de poésie populaire," in *L'écrivain et ses travaux* (Paris: José Corti, 1967), pp. 325–56: 329. Various vestiges live on in Catalonia, the Canary Islands, and in Portugal (see my *Catálogo-Índice,* no. J4), while the ballad's full form has survived vigorously in the Moroccan Sephardic tradition. See S. G. Armistead and J. H. Silverman (with Oro A. Librowicz), *Romances judeo-españoles de Tánger* (Madrid: Cátedra-Seminario Menéndez Pidal, 1977), no. 25. *¿Por qué no cantáis?* has recently surfaced, in its full, primitive form, on Gran Canaria. See Maximiano Trapero, "Hunting," p. 132; *Romancero de Gran Canaria,* I (Las Palmas de Gran Canaria: Mancomunidad de Cabildos, 1982), no. 45.1; *Romancero tradicional canario* (Las Palmas: «Biblioteca Básica Canaria», 1989), no. 28. An *a lo divino* adaptation is, however, widely known in the Hispanic tradition. See, for example, *La soledad de la Virgen (é-a)* (M. Trapero, *Los romances religiosos en la tradición oral de Canarias* [Madrid: Nieva, 1990], no. 12).

14. See our study in *Romances de Tánger,* no. 29. The ballad cannot but suggest a survival of the indomitable spirit of the strong-willed, implacable female protagonists seen in such primitive Castilian epics as *Los infantes de Lara* and *El infant don García.* For other ballads of medieval origin which perpetuate a similar code of violence and bloody vengeance, compare *Marquillos* (Cid, "Recolección moderna," pp. 300–1) and *Celinos* (S. G. Armistead, "The Ballad of *Celinos* at Uña de Quintana," in *Essays on Hispanic Literature in Honor of Edmund L. King,* ed. Sylvia Molloy and Luis Fernández Cifuentes [London: Támesis, 1983], pp. 13–21). For a Sorian version of *La calumnia de la reina,* see our article, "In the Footsteps of Kurt Schindler," pp. 264–65 (collected from a handwritten copy).

15. See Diego Catalán's indispensable study: *Por campos del romancero* (Madrid: Gredos, 1970), pp. 189–227, especially pp. 207–19.

16. Various important collections have been brought together in North America, either from relatively recent immigrants or from long-established populations. I am thinking of Manuel da Costa Fontes's fieldwork with Portuguese singers in California, New England, and Canada, or our own work with Eastern Sephardic singers in various areas of the United States, or again Aurelio M. Espinosa's extensive collection from New Mexico. But among Hispanic ballad collections of whatever origin published in the United States, Michèle Cruz-Sáenz's is, I believe only surpassed in the number of texts by Kurt Schindler's classic *Folk Music and Poetry of Spain and Portugal* (New York: Hispanic Institute, 1941), now reissued, with extensive introductory studies and exhaustive scholarly apparatus by Israel J. Katz and Miguel Manzano Alonso (with S. G. Armistead) (Salamanca: Centro de Cultura Tradicional, 1991). For the above-mentioned collections, see M. da Costa Fontes, *Romanceiro Português do Canadá* (Coimbra: Universidade, 1979); . . . *dos Estados Unidos, I: Nova Inglaterra* (Coimbra:

Universidade, 1980); . . . II: *Califórnia* (Coimbra: Universidade, 1983); S. G. Armistead, J. H. Silverman, and I. J. Katz, *Judeo-Spanish Ballads from Oral Tradition: Epic Ballads* (Berkeley-Los Angeles: University of California Press, 1986), pp. 5–16; A.M. Espinosa, *Romancero de Nuevo Méjico* (Madrid: Consejo Superior de Investigaciones Científicas, 1953).

Acknowledgments

I would like to express my profound gratitude to Samuel G. Armistead, of the University of California at Davis, not only for the inspiration he has given me from the inception of this project, but also for the invaluable advice which he has always offered so generously. Professors Manuel da Costa Fontes of Kent State University and Harriet Goldberg of Villanova University have given me their expert comments as well.

I heartily thank Christina D. Braidotti for her tremendous efforts and diligent collaboration with regard to the musical transcription. I owe a debt of gratitute to Jody Kerchner and Floyd Richmond of the Department of Music Education, at West Chester State University for all of the hours they spent instructing and helping us with the preparation of the computerized musical transcriptions. I thank Linda Parrish, cartographer, University of Delaware, for her expertise in the preparation of the maps found in this volume.

Toward the successful completion of a project as far-reaching as this one, many people have generously lent their support and assistance: I would like to mention Jesús María Muneta, Lucía Pérez García Oliver, Juan Serres, Antonio Pujol, the "Amigos del Serrablo," and Miguel Caballú, with appreciation for their putting me in contact with potential informants throughout Aragon. I would also like to recognize the splendid collaboration of Teresa Catarella. A number of ballads she collected in Aragon in 1980 have been added to the other texts brought together in the present volume.

It is a pleasure to acknowledge the generous grants of the Ludwig Vogelstein Foundation of New York, in 1985, and of the American Philosophical Society, in 1987, without which the collection of this ballad tradition would have been impossible.

It is also fitting to mention my two former students who accompanied my children and me as field assistants: I wish to thank Suzanne Dressler and Elizabeth Pillsbury for their help and their genuine interest in my research.

Finally, I would like to recognize the friendly collaboration of the Aragonese people, who, in one way or another, were always ready to assist me in the collecting of their traditional ballads.

20

Introduction

One of the largest gaps in our geographic knowledge of the Spanish traditional ballad has been the region of Aragon, which, in general, has been neglected by previous collectors. In 1985 I received a grant from the Ludwig Vogelstein Foundation for research on the Hispanic traditional ballad and I decided to undertake a preliminary exploration of the Aragonese tradition. For two weeks in July 1985, I visited 28 towns and interviewed 50 informants in the province of Teruel, collecting 128 versions of 33 different ballad-types. From this initial exploration, it became clear that significant field work could still be carried out to uncover the previously neglected Aragonese subtradition of Spanish balladry.

In Teruel the majority of my informants were women. At the outset, I thought that I was probably more successful with them simply because I am a woman. But I quickly realized that, although the terrain of Teruel is mountainous, there is much flat land where wheat and other grains are cultivated. The entire process of cultivation and harvesting has now become mechanized and the farmers do all of their work with tractors. With the noise of the machinery, the farmer can hardly hear himself think, much less sing. The men were quick to admit that they arrived home nightly from the fields tired and hungry, only to watch television for a short while before going to bed early. With 50 percent of the adult population forgetting the oral tradition and the youth feeling ashamed of traditional music, the only portion of the population that now maintains the ballad tradition at all is the women.

Thanks to a generous research subvention from the American Philosophical Society, I was able to complete the second stage of my Aragonese field work by collecting ballads in Huesca and Zaragoza, the two remaining provinces that constitute the historical area of Aragon.

I initiated this second expedition by presenting a paper on my 1985 Teruel field work at the Fourth International Colloquium on the *Romancero*, held at Seville and Cádiz, 23–26 June 1987. The first stop of my second Aragonese field trip was at Sabiñánigo in northern Huesca.

21

The province of Huesca, one of the most northern areas of Spain, is quite rural, but its agricultural industries are also now completely mechanized. In these seemingly rural towns, one felt for a moment lost in time, but soon enough the television antennas, discothèque signs, noise from adolescents' "boom boxes" and the municipal swimming pools, which have been built in every town, clearly presaged the immanent disappearance of traditional rural culture. I became acutely aware of the immediate necessity of rescuing part of this oral tradition, destined to disappear in the immediate future.

I went directly to Sabiñáñigo because I had a promising contact there. Being in the Pyrenees, this area of Huesca has the hydroelectric power to service various industries. In Sabiñáñigo there are several chemical plants; one, owned by the Pennwalt Corporation of Philadelphia, which manufactures agricultural chemicals. I was put into contact with Antonio Pujol García, a chemist, who introduced me to "Los Amigos del Serrablo." This local organization had been formed in order to help preserve the folkloric heritage of the province. "Los Amigos del Serrablo" publishes a journal called *Serrablo*, which contains pictures of local historic places and describes customs and traditions, such as songs and dances. Among these materials were also some ballads, collected from elderly citizens, many of whom had died since the journal's publication. "Los Amigos" provided me with extra numbers of their journal and allowed me to photocopy portions of others which were of interest to my work. They also put me in contact with citizens who had a reputation for good memories and good voices. I quickly discovered that Huesca, like Teruel and Zaragoza, had several senior citizen centers, where the elderly congregated to socialize and spend their afternoons. These places proved to be excellent sources of informants and of good contacts for furthering my investigations in the field. In the more rural towns, I would always stop in the central plaza to ask the elderly men congregated there in the mornings if they knew of anyone who could sing or recite ballads. Many of them were able to help me and could even recite a few verses, but they complained of poor memories. Not long ago, having a good memory was a great source of pride for these people, so much so, in fact, that they would refuse to admit to having forgotten even the most minute details. But now many confided that they were happy to tell me what they remembered, but that their grandchildren had made them ashamed of singing such old songs. Fortunately, this was not always true. During my field work, I met all kinds of people. There were those who literally ran away from me in fear, while others accused me of exploiting their customs and traditions for personal gain. I carried with me a copy of my *Romancero tradicional de Costa Rica* to show my potential singers just what my plans for their contributions were. The majority of them, even those who were illiterate, felt proud when they saw the photographs of the informants, the musical transcriptions, and the printed texts of the ballad versions. Some of the more skeptical objected that I "spoke with a curious accent." But I was not to be discouraged and answered: "But you understand what I am saying, don't you?" On one occasion, I was helping an informant remember a difficult hemistich when he exploded: "Why are you asking me to sing this to you, when you, perhaps, know the words better than I?" I then explained the importance of the variants and that his version was just as important as mine. In general, once their confidence was established, my informants enjoyed the concept of being collaborators in such a project.

During the six weeks of my Huesca and Zaragoza field work, I worked seven days per week. The best hours to collect ballads were between 10:00 A.M. and 1:00 P.M. and 5:00 P.M. and 8:00 P.M. Normally at about 5:00 P.M., the women, having finished their domestic chores, would sit in small groups outside their homes mending or sewing espadrilles as piecework to earn extra money. Each town seemed to be working on a different color each week. As they toiled, the women chatted animatedly and were receptive to my requests for ballads. In fact, as a group, the women—rather than the men—were more able to generate complete versions of ballads because they encouraged one another. Yet some would not permit me to photograph them, while others were willing to contribute to my project, but preferred to remain anonymous.

In reality, the reception of the Aragonese to such a project was quite good, given the difficult and evolving modern circumstances that are rapidly overtaking provincial life. Incongruous as it may seem, my informants complained about crime: robbery, kidnapping, and even murder. The elderly especially felt threatened. But the constant presence of my twin sons, together with my field assistant, helped to alleviate any potential tenseness during the interviews.

During my two field expeditions, I was fortunate to meet and receive assistence from many people interested in my work. In 1985 I met Jaime Vicente, director of Excavations of Roman Villas of Caminrreal, Teruel. He spoke to me of the *cancionero* of his friend Miguel Arnaudas and later sent me a copy of the book *Colección de cantos populares de la Provincia de Teruel*, published in 1982 in a revised edition. I was also able to contact Miguel Caballú, president of the Institución Fernando el Católico, a cultural group from Caspe (Zaragoza), who wrote to me and put me in contact with persons who could assist me in locating informants. One of these was Lucía Pérez García Oliver, from Zaragoza, who has done research on traditional dances of Teruel.

Many of the Aragonese villagers themselves were most helpful in guiding me to people with a reputation for singing and reciting. Typically, some of these were individuals who had left the small towns to work in the cities, but had returned to spend the summer vacation there. They knew everyone and understood the nature of my project. Aragon is a highly distinctive region. Because of its recent political history, together with the traditional Aragonese personality, there remain many solemn memories of tragically difficult times. There were vestiges of towns that had been completely destroyed during the Spanish Civil War and were left as monuments to a tragic period in Aragonese history. In rural areas, ghost towns have fallen victim to the nationwide *crisis del campo*. The young people have deserted these villages in order to find work in the cities of Zaragoza and Barcelona, and the older citizens have moved to neighboring towns. During my travels, some citizens even offered me lodging free of charge in recently abandoned houses.

After six weeks and almost two thousand miles logged by car through Huesca, Zaragoza, and eastern Teruel in 1987, I had visited 252 towns, bringing the total number of towns visited to 280. In all, 155 informants were successfully interviewed and some 500 narrative songs were recorded. The present edition comprises a total of 308 versions of 59 narrative types, including all those texts that can be considered traditional ballads (*romances*). I have excluded a number of songs directly memorized from popular printed broadsides, as well as others, which, for a variety of generic and formal reasons, do not belong in a collection of traditional *romances*. The present collection provides a sampling of the Aragonese ballad tradition as I found it during the summers of 1985 and 1987. I offer it as a contribution to the collaborative exploration of the Hispanic ballad tradition at a critical moment in its multisecular history.

I have used a system of classification for each ballad text-type to facilitate identifying its origins and narrative content. The sigla used in this classification system are placed in parentheses below the title of each ballad-type. The system conforms to the following pattern: letters and numbers followed by a slash (/) signify that the ballad-type in question can be found in the *Romancero judeo-español en el Archivo Menéndez Pidal: Catálogo-índice de romances y canciones,* (=CMP), edited by Samuel G. Armistead (3 vols., Madrid: Cátedra-Seminario Menéndez Pidal, 1978). Sigla preceded by a slash remit to the *Portuguese and Brazilian Balladry: A Thematic and Bibliographic Index* (=PBI), edited by Manuel da Costa Fontes (soon to be published). If no slash appears, the siglum refers to my own classification, which expands the system by adding a new number.

Maps of Aragon

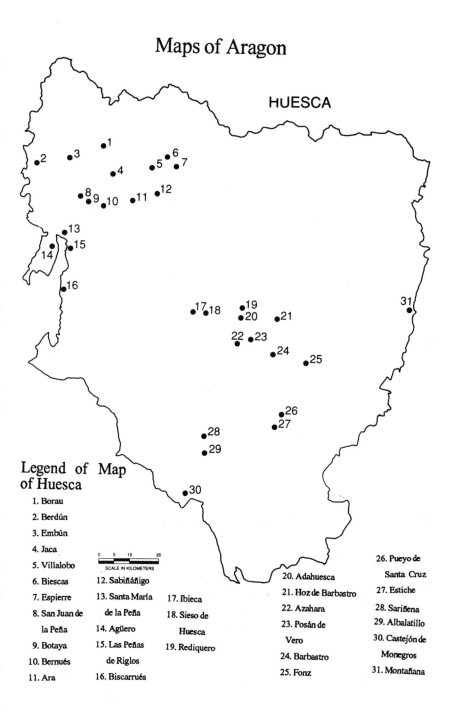

HUESCA

Legend of Map
of Huesca

1. Borau
2. Berdún
3. Embún
4. Jaca
5. Villalobo
6. Biescas
7. Espierre
8. San Juan de
   la Peña
9. Botaya
10. Bernués
11. Ara

12. Sabiñáñigo
13. Santa María
    de la Peña
14. Agüero
15. Las Peñas
    de Riglos
16. Biscarrués

17. Ibieca
18. Sieso de
    Huesca
19. Rediquero

SCALE IN KILOMETERS
0 5 10 20

20. Adahuesca
21. Hoz de Barbastro
22. Azahara
23. Posán de
    Vero
24. Barbastro
25. Fonz

26. Pueyo de
    Santa Cruz
27. Estiche
28. Sariñena
29. Albalatillo
30. Castejón de
    Monegros
31. Montañana

ZARAGOZA

Legend of Map of Zaragoza

1. Sos del Rey Católico
2. Sofuentes
3. Castiliscar
4. Uncastillo
5. Biel
6. Ejea de los Caballeros
7. Gallur
8. Ainzón
9. Tabuenca
10. Leciñena
11. Perdiguera
12. Zaragoza
13. Villafranca de Ebro
14. Berdejo
15. Bijuesca
16. Torrijo de la Cañada
17. Arándiga
18. Santa Cruz de Grio
19. Ibdés
20. Villarreal de Huerva
21. Aladrén
22. Sástago
23. Caspe
24. Boquiñena

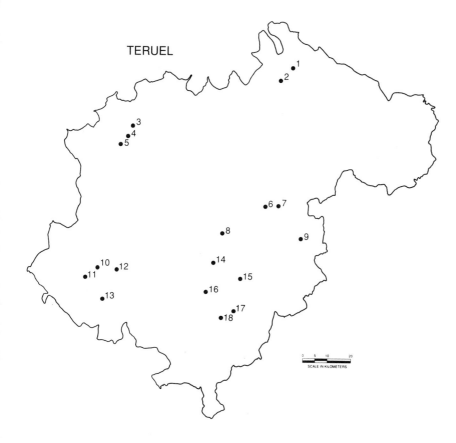

TERUEL

Legend of Map of Teruel

1. Hijar
2. Albalete del Arzobispo
3. Lechago
4. Calamocha
5. El Poyo
6. Pitarque

7. Villarluengo
8. Ababuj
9. Cantavieja
10. Albarracín
11. Royuela
12. Gea de Albarracín

13. Valdecuenca
14. Cedrilla
15. Alcalá de la Selva
16. Formiche Alto
17. Mora de Rubielos
18. Valbona

Towns and Villages Visited in Aragon

I. Huesca:

1. Abiego
2. Adahuesca
3. Agüero
4. Albalatillo
5. Albero Bajo
6. Alberuela de la Liena
7. Alcalá de Gurrea
8. Alcolea de Cinca
9. Alcubierre
10. Almunia de San Juan
11. Alquezar
12. Ara
13. Arbaníes
14. Aso de Sobremonte
15. Ayera
16. Azahara
17. Azlor
18. Bandalíes
19. Barbastro
20. Barbenuta
21. Belver
22. Berbegal
23. Bernués
24. Bierge
25. Biescas
26. Biscarrués
27. Bolea (La Sotonera)
28. Borau
29. Borrés
30. Botaya
31. Cartirana
32. Casbas de Huesca
33. Castejón de Monegros
34. Castelflorite

69. Navasa
70. Oliván
71. Ortilla
72. Pellaruelo de Monegros
73. Peralta de Alcofea
74. Peraltilla
75. Piedramorrea
76. Pomar
77. Posán de Vero
78. Puente de la Reina
79. Pueyo de Santa Cruz
80. Puiboles
81. Quinzano
82. Radiquero
83. Robres
84. Sabiñáñigo
85. Salas Bajas
86. Salinas de Jaca
87. Santa Cilia de Jaca
88. Santa Lecina
89. Santa María
90. Santa María de Dulcis
91. Sariñena
92. Sena
93. Sieso de Huesca
94. Siétano
95. Sonegüé
96. Sorripas
97. Tardienta
98. Torrente de Cinca
99. Tramaced
100. Villalanga
101. Yebra de Base

35. Coscojuela de Fantova
36. Embún
37. Espuendoas
38. Esquedas
39. Estadilla
40. Estiche
41. Fonz
42. Fornillos
43. Fraga
44. Grañén
45. Graus
46. Guasa
47. Gurrea de Gállego
48. Hecho
49. Hoz de Barbastro
50. Huerta de Vero
51. Huesca
52. Ibieca
53. Jaca
54. Javierrgay
55. La Masadera
56. La Mesadera
57. La Paúl
58. Labata
59. Lanaja
60. Lascasas
61. Lastamosa
62. Lastanosa
63. Lierza
64. Losangelis
65. Loscorrales
66. Lupiñén
67. Montmesa
68. Monzón

II. Zaragoza:

102. Ainzón
103. Aladrén
104. Alberita de San Juan
105. Alcalá de Ebro
106. Alcalá de Moncayo
107. Alfamén
108. Almonacid de la Sierra
109. Añón
110. Arándiga
111. Ardiesa
112. Arnauda de Moncayo
113. Artieda
114. Asso-Vera
115. Azurra
116. Bardejo
117. Belchite
118. Belmonte
119. Biel
120. Bijuesca
121. Bisimbro
122. Boquiñena
123. Borja
124. Bueca
125. Bulbuenta
126. Burata
127. Calatayud
128. Calmorza
129. Campillo de Aragón
130. Caranza
131. Cariñena
132. Caspe
133. Castejón de Valdejasa
134. Castejón de las Armas
135. Castiliscar
136. Chiprana
137. Cimballa
138. Codos
139. Cortes
140. Cumplillos
141. Daroca
142. Ejea de los Caballeros
143. El Frago
144. El Fresno
145. Erla
146. Escato
147. Fariete
148. Frescano
149. Fuencalderas
150. Fuendejalón
151. Fuendetodos
152. Fuentes de Ebro
153. Gallur
154. Gelsa
155. Ibdés
156. Inogés
157. Jaraba
158. Jaulín
159. La Almunia de doña Godina
160. La Zaida
161. Lagata
162. Langa del Castillo
163. Las Pedrosas
164. Lavilueña
165. Layasa
166. Leciñena
167. Letux
168. Litago
169. Lituéñigo
170. Longares
171. Los Fayos
172. Luceni
173. Luna
174. Magallón
175. Melanquilla
176. Maleján
177. Mallén
178. Mara
179. Marracos
180. Mezalocha
181. Mianos
182. Miedes
183. Monagrillo
184. Moros
185. Muel
186. Muñébrega
187. Navardún
188. Novallas
189. Nuévalos
190. Omnar de Salz
191. Orera
192. Osara
193. Paniza
194. Pedrola
195. Perdiguera
196. Piedratajada
197. Pina de Ebro
198. Pradilla
199. Puendeluna
200. Pulaos
201. Sádaba
202. Salvatierra de Esca
203. Samper del Satz
204. San Martín de la Virgen de Moncayo
205. Santa Cruz de Grío
206. Santa Engracia
207. Santa Eulalia de Gallego
208. Sástago
209. Sediles
210. Sierra de Luna
211. Sofuentes
212. Sos del Rey Católico
213. Tabuenca
214. Tarazona
215. Torrellas
216. Tauste
217. Terrer
218. Torrelapaja
219. Torres
220. Torrijo de la Cañada
221. Tresnoz
222. Uncastillo
223. Urríes
224. Valpalmas
225. Valtorres
226. Vera de Moncayo
227. Vierias
228. Vilalba de Perejil
229. Villafranca de Ebro
230. Villalenga
231. Villamayor
232. Villanueva de Huerva
233. Vistabella
234. Zaragoza
235. Zuera

List of Towns Visited

III. Teruel:

236. Ababuj
237. Aguaviva
238. Albalete del Arzobispo
239. Albarracín
240. Alcalá de la Selva
241. Alcañíz
242. Alcorisa
243. Aliaga
244. Andorra
245. Barrachina
246. Bea
247. Belmonte de Mezquín
248. Cabra de Mora
249. Calamocha
250. Caminreal
251. Cantavieja
252. Castellote
253. Castelserás
254. Cedrillas
255. Cutanda
256. El Pobo
257. El Poyo
258. Formiche Alto
259. Formiche Bajo
260. Gea de Albarracín
261. Hijar
262. La Codoñera
263. La Ginebrosa
264. La Iglesuela del Cid
265. La Puebla de Hijar
266. Lechago
267. Mas de la Matas
268. Montalbán
269. Mora de Rubielos
270. Navarrete
271. Pitarque
272. Plou
273. Rubielos de Mora
274. Teruel
275. Tornos
276. Torrecilla de Alcañíz
277. Uliete
278. Urrea de Gaen
279. Valbona
280. Villarluengo

Spanish Traditional Ballads

from Aragon

1

DOÑA ALDA (á)

(B6/)

a. Version recited by Amalia Murciano, 75 years old, of
Valdecuenca (Teruel), 15 July 1985

En España está doña Alda,   la esposa de don Roldán.
2   Trescientas damas con ella,   para la acompañar.
Todas visten un vestido,   todas calzan un calzar,
4   menos doña Alda,   que era la mayoral.
Y ahora va decidiendo   como va a vestir cada una,
6   cuando tiene un presentimiento,   cuando ve venir a uno,
que pasó de Roncesvalles,   que está en los Pirineos. . . .

Doña Alda (á)—*Lady Alda*: Alda, the   intended   bride of Roland, has
three hundred ladies-in-waiting,   each dressed identically. As they all
decide what to wear, Alda has a premonition of doom when she sees one
of the soldiers return from the pass at Ronceveaux.

2

ROSAFLORIDA Y MONTESINOS (*í–a*)(*a lo divino*)

(B20/B6)

a. Version recited by María Tena, 77 years old, of Cantavieja
(Teruel), 17 July 1985

—¡O qué castillo tan alto   pintado de maravillas!
2 —No la han pintado pintores,   ni hijos de carpintería.
La han pintado Dios del cielo,   para estar la Virgen María,
4 con el niñito en los brazos,   ni callarle le quería.
—¿De qué lloras, hijo mío,   de qué lloras, vida mía?
6 ¿O lloras por ser que tienes   o el landre que te fatiga?
—No lloro por ser que tengo,   ni landre que me fatiga.
8 Lloro por los pecadores   que mueren todos los días,
que el infierno está lleno   y la gloria está vacía. Amén.

Rosaflorida y Montesinos (í–a)—Rosaflorida and Montesinos: In
Heaven, God has painted a marvelous castle for the Virgin Mary.   She
comforts the Christ child, asking him why he is crying.   He is crying for
the sinners that die every day.   Hell is full of them and Heaven is empty.
[For a more complete bibliography of this ballad, see Armistead, New
York, p. 78.]

3

INES DE CASTRO (*í–a*)

(C1/C1)

a. Version sung by Elvira Galán Rivera, 75 years old, of
Zaragoza (Zaragoza), 19 July 1987

    Doña Costanza salió   de España para Coimbra.
2   Doña Inés la acompañaba,   su mejor dama y amiga.
    El rey les halla, el encuentro,   al encuentro a recibirlas.
4   Inés quedó prendado,   nunca vio mujer más linda.
    Doña Costanza por el rey,   por el rey se moría,
6   y el rey por doña Inés   daba su alma y su vida.
    Doña Costanza murió   y Portugal que sabía
8   la pena que la mató,   la muerte de Inés de Castro.
    El pueblo entero pidió: la condenaron a muerte.
10   La condena se cumplió   y al rey don Pedro dejaron,
    viviendo sin corazón,   viviendo sin corazón.
12   Reina para Portugal,   el pueblo a gritos pedía
    y el rey busca la venganza,   sin descansar noche y día.
14   Por fin Inés fue vengada   en el palacio real
    y la proclamaron reina   del reino de Portugal.
16   Doña Costanza murió   y Portugal que sabía
    la pena que la mató,   la muerte de Inés de Castro.
18   El pueblo entero pidió;   la condenaron a muerte,
    la condena se cumplió   y al rey don Pedro dejaron,
20   viviendo sin corazón,   viviendo sin corazón.

b. Version recited by a woman, 50 years old, of Pozán de
　　Vero (Huesca), collected by Teresa Catarella, 10 July 1980

	Doña Constancia salió de España para Coimbra;
2	doña Inés la ha acompañado,　su mejor dama y amiga.
	Doña Inés quedó prendada　　. . . .
4	doña Constancia de pena,　que por el rey se moría;
	doña Inés por el rey　daba su alma y su vida.
6	Doña Constancia murió　y el pueblo, que lo sabía,
	la muerte de doña Inés pedía.

Inés de Castro (í–a)—Inés de Castro: This ballad recounts the love trian-
gle between Constancia, King Peter of Portugal, and the queen's lady-in-
waiting, doña Inés de Castro. Inés becomes pregnant by the king, Constancia dies of a broken heart, and the people condemn Inés to death.
After her death, she is proclaimed queen, but King Peter lives out the rest
of his life mourning the death of his mistress.

4

ABENÁMAR (*í–a*)

(C5/C5)

a. Version recited by Amalia Murciano, 75 years old, of Valdecuenca
(Teruel), 15 July 1985

Abenámar, Abenámar, moro de la morería,
2   el día que tú naciste, grandes señales había.
El sol estaba en calme; la luna estaba crecida.
4   Moro que en tal signo nace, no debe decir mentira. . . .
—Yo te la diré, señor, aunque me cueste la vida. . . .
6   —¿Qué castillos son aquellos, altos son y reluicían?
—El Alhambra, señor, y la otra, la mezquita;
8   y los otro olivares, labrados de maravillas.
El moro que los labró, cien doblas ganaba al día;
10 y el día que no labraba, otras tantas que perdía;
para que no labraba en más, el moro le quitó la vida.

3*a* should read *calma*, but the speaker recited *calme*.

Abenámar (*í–a*)—*Abenámar.* King John II of Castile questions the Moor
Abenámar about the city of Granada. Abenámar points out the Alhambra,
the mosque, and the Alixares towers (= Olivares).

39

5

MARIANA PINEDA (á)

(C20/)

a. Version recited by Josefa Villaramón, 80 years old, of Biescas
   (Huesca), collected by Teresa Catarella, 7 July 1980

<blockquote>
Marianita salió de su casa   y al encuentro salió un militar.

2   —Marianita, ¿dónde va usted sola?   Hay peligro, vuélvase usted
                                               atrás.

Marianita se volvió a su casa   y ella sola se puso a pensar.

4   . . . bordando,   la bandera de la libertad.
</blockquote>

Mariana Pineda (á)—*Mariana Pineda*: Mariana Pineda, like Betsy Ross, embroidered a flag for the liberal revolutionaries against King Ferdinand VII. This fragment depicts Mariana leaving her home, under surveillance by the monarchists, to meet her lover and cousin, Fernando de Sotomayor, and assist in his escape from prison and the city. She was hanged in 1831 for her complicity in this affair.

6

ISABEL DE CASTILLA (é)

(C22)

a. Version recited by Mariano Solana Vives, 75 years old, of Biel (Zaragoza), 31 July 1987

	Esta es la historia, señores, de la princesa Isabel.
2	Está la historia que deben chicas y grandes saber.
	Erase una princesa de las pocas que se ven.
4	Cara y alma tenía más de ángel que de mujer.
	Por verla digna Castilla, un príncipe aragonés;
6	enamorado no vino, enamorado se fue.
	—Caballeros de mi corte, dijo el príncipe al volver,
8	Corred, corred a Castilla a la princesa Isabel.
	Mi corazón y mi reino de rodillas a ofrecer.
10	Aragón y Castilla todo regocijo es.
	Se celebran las bodas de Fernando y Isabel:
12	Se unen dos corazones y dos reinos también.
	El moro, la morería, pronto tendrá que volver;
14	casaditas y solteras de esta señora a aprender.
	Ella corta, ella cose las camisas del rey;
16	de oro son las tijeras, las agujas también.
	Aunque sean de oro, trabajo cuesta coser.
18	La corona de los reinos adorna su hermosa ciel.
	La corona de dos mundos merece que Dios sol le den.
20	Ahora dentran las aventuras de Colón:
	Por el mundo va un marino; éste es Cristobal Colón;
22	un marino genovés, dijendo que dará
	un mundo a quien un barquito le dé. . . .
24	Todos lo tienen por loco; todos se ríen de él.
	A la reina de Castilla, un mundo le vino a ofrecer;

26   desjarra los vestidos, descalzadito los pies.
      —Marinero, marinero, dice la reina Isabel,
28   para darte navecitas, yo mis joyas venderé.
      Bendiciones de pobre le bastan a una mujer.
30   Ya cruza la mar salada el marino genovés.
      Llorando de alegría, Dios lo vuelva con bien.
32   —¿Qué barquitos son aquellos entre las nieblas se ven,
      dando contentos a las sirelas banderas de Isabel?
34   En ellos vuelve el marino, el marino genovés.
      Llorando vuelve de gozo; Dios los vuelve con bien.
36   Y la reina de Castilla, reina de dos mundos es.

Isabel de Castilla (é)—Isabel of Castile: This ballad describes Isabella of Castile, her marriage to Ferdinand of Aragon, and the funding of Christopher Columbus in his venture to the New World.

7

LA SAMARITANA (*á–a*)

(E10/)

a. Version sung by Feliciana Carcas, 72 years old, of Gallur
(Zaragoza), 21 July 1987

<blockquote>

Un día perdió un señor   a la ciudad de Samaria

2   y antes de entrar en poblado,   el calor le fatigaba.

Por allí vio venir   a la misma que esperaba,

4   con el cántaro en la mano;   era la samaritana.

El señor le dijo así: —Dame un poco de agua,

6   que yo también te daré   algo de más importancia.

—¿Cómo quiere usted, señor,   cómo quiere que le dé agua?

8   Si usted es de Judea,   yo soy samaritana.

—Yo no soy judío, no,   que soy de tierras más sanas.

10   Que soy el hijo de Dios,   a quien vos me esperabas.

</blockquote>

La Samaritana (*á–a*)—*The Samaritan:* A man was passing through the city of Samaria and asked a Samaritan woman for a drink of water. He offered to repay her the favor by giving her something of greater value. She responds that, if he is from Judea, she is a Samaritan. He tells her that he is not a Jew and that he is the son of God, whom her people await.

8

TAMAR (á–a)

(E17/E3)

a. Version recited by María Chabeles, 69 years old,
Sabiñáñigo (Huesca), born in Las Majanes Cuetas (Cuenca),
7 July 1987

	El rey tuvo un hijo, que Tranquilo se llamaba.
2	Y también tuvo una hija, la más guapa de la Habana.
	Un día, estando comiendo, se enamoró de su hermana.
4	Viendo que no pudo ser, cayó malito en la cama.
	Y subió su madre a verlo, un lunes por la mañana.
6	—Qué tiene, chico, Tranquilo, que estás malito en la cama?
	—Madre, tengo calenturas, calenturas y armayas.
8	—¿Quieres que te mate un ave, de esas que vuelan por casa?
	—Madre, mátemela usted, que me la suba mi hermana.
10	Como era . . . de verano, subió con enagua blanca.
	La agarró de la cintura y la metió en la cama.
12	—Déjame, hermano Tranquilo, no quiero ser deshonrada.
	—Si no quiere . . . tan guapa.

b. Version sung by Pura Sánchez, 60+ years old, of Embún
(Huesca), 9 July 1987

	[El rey] tiene un hijo, que Tranquilito se llama.
2	Sale un día de paseo, se enamoró de su hermana.
	Como era tiempo verano. . . .
4	—¿Qué tienes hijo Tranquilo? ¿Qué tienes hijo del alma?
	Quieres que te mate un ave, de esas que vuelan por casa?
6	—Madre, sí, mátemela, que me la suba mi hermana.
	Como era en tiempo verano, subió con la enagua blanca.
8	La cogió de la cintura y la echó sobre la cama.
	—Mírame, mírame bien; mírame, que soy tu hermana.

44

10 —Si eres la hermana que seas, no habrá sido tan guapa.
   Al cabo de nueve meses, cayó enfermita en la cama.
12 Buscaron cuatro médicos, los mejores de la Habana.
   Uno le tocaba el pulso y otro le toca la cara,
14 y otro dice muy tranquilo; —Esta niña está cansada.

c. Version recited by José Pérez, 62 years old, of Berdún (Huesca), 9 July 1987

   El rey moro tuvo un hijo, que Tranquilo se llamaba. . . .
2 —¿Qué te pasa, hijo Tranquilo, que estás malito en la cama?
   —Padre, no me pasa nada, sólo que me traiga mi hermana. . . .
4 Le trajeron cuatro médicos, los mejores de la Habana.
   Uno le tomaba el pulso, otro la metió en cama,
6 y los otros dos han dicho: —Esta niña está preñada.

d. Version recited by José María Labianson, 52 years old, of Villafranca de Ebro (Zaragoza), 19 July 1987

   Un rey moro tenía un hijo, que Tranquilo se llamaba.
2 Cuando una noche cenando, se enamoró de su hermana.
   A eso de los cuatro días, Tranquilo cae en la cama.
4 —¿Qué te pasa, Tranquilo, que enfermo estás en la cama?
   —Yo no sé lo que pasa . . . .
6 Tengo unas calenturitas, que se me llevan el alma.
   —¿Quieres que te mate un ave, de esos de tierra africana?
8 Mátemelo, usted, lo que quiera y que me lo suba mi hermana.
   Como era el tiempo de verano, se puso las medias blancas,
10 la cara tan colorada . . . .
   La cogió de la cintura y se la metió en la cama.
12 —Cuídate, hermano Tranquilo, mira que yo soy tu hermana.
   —Si eres la hermana que sea, no debes haber nacido tan guapa.
14 A eso de los nueve meses, la chica cae en la cama.
   Llamaron cinco doctores, los mejores de la Habana.
16 El uno le toca el pulso, el otro le toca la cara,
   y los otros decían; —Esta chica está embarazada.

e. Version recited by Elvira Galán Rivera, 75 years old, of Zaragoza (Zaragoza), 19 July 1987

Un rey moro tuvo un hijo,   que Tranquilo se llamaba.
2   Y un día estando comiendo,   se enamoró de su hermana.
Como no podía ser,   cayó malito en la cama
4   y su padre subió a verle,   domingo por la mañana.
—¿Qué te pasa, hijo querido,   qué te pasa, hijo del alma?
6   —Padre, ¿qué me va a pasar?   . . . .
Tengo una calenturita   que el corazón se me abraza.
8   —¿Quieres que te mate un ave,   de esas que van por el agua?
—Sí, padre, mátemela usted   y que me la suba mi hermana.
10   Como era tiempo veranos,   su hermana subió en enaguas
y cuando la vio entrar,   . . .
12   la cogió por la cintura   y se la tuvo en su cama.
Hizo lo que quiso de ella,   la maltrató y hasta lo escupió.

f. Version sung by Luis Bielsa Ramón, 82 years old, of Leciñena (Zaragoza), 19 July 1987

El rey moro tuvo un hijo,   que Tranquilo se llamaba.
2   Y un día estando comiendo,   se enamoró de su hermana.
—¿Qué tienes, hijo Tranquilo,   qué te haces en la cama?
4   —Tengo unas calenturitas   que me están rompiendo el alma.
—¿Quieres que te mate un ave,   de estas de tierra africana?
6   —Máteme usted las que quiera,   pero que suba mi hermana.
Como era tiempo verano,   subió con las medias blancas.
8   Le cogió de la cintura   y se la echó en la cama.
—Mira, hermano Tranquilo,   mira que yo soy tu hermana.
10   —Si eres la hermana que seas,   no haber nacido tan guapa.
Cuando pasó cierto tiempo,   la niña que se engordaba.
12   Llamaron cuatro médicos,   los mejores de la Habana.
El uno le toca el pulso,   el otro mira la cara;
14   y los otros dos se adicen: —Esta niña está engordada.
Y aquí se termina la historia   del rey moro y su hermana,
16   de los pollos y gallinas   y de la tierra africana.

g. Version recited by Julia Roced, 63 years old, of Sieso de
   Huesca (Huesca), born in Paliñena (Huesca), 20 July 1987

Un rey moro tuvo un hijo,   que Tranquilo se llamaba.
2   Un día estando en la mesa,   se enamoró de su hermana.
    —¿Qué tienes, hijo Tranquilo,   que te has echado en la cama?
4   —Tengo unas calenturitas   que me están partiendo el alma.
    —¿Quieres que te mate un ave,   de esas de tierra africana?
6   —Máteme usted lo que quiera,   con tal que suba mi hermana.
    Como era en tiempo verano,   subió con las medias blancas.
8   La coge de la cintura   y se la acuesta en la cama.
    —Mira, hermano, lo que haces,   mira que soy tu hermana.
10 —No importa niña que seas,   no haber nacida tan guapa.
    A los nueve meses justos,   la niña estaba muy mala.
12 Llamaron cuatro doctores,   los mejores de la Habana.
    Uno le tomaba el pulso,   el otro el pulso y la cara
14 y los otros dos decían: —Esta niña está muy mala.

h. Version recited by Maricruz Ramiro Artiegas, 76 years old,
   of Boquiñena (Zaragoza), 22 July 1987

Un rey moro tenía un hijo,   que Tranquilo se llamaba.
2   Un día estando comiendo,   se enamoró de su hermana.
    De los amores que tuvo,   cayó enfermito en la cama
4   y su padre le decía: —Hijo mío, ¿qué te pasa?
    —Tengo una calenturita,   que el corazón se me abraza.
6   Quiero que me suba un ave,   que me la suba mi hermana.

i. Version sung by Angel Araus, 78 years old, Tabuenca
   (Zaragoza), 22 July 1987

El ray moro tiene un hijo,   que Tranquilo se llama.
2   Y un día estando comiendo,   se enamoró de su hermana.
    Y al otro día Tranquilo   cayó enfermito en la cama.
4   —¿Qué tienes, hijo Tranquilo,   y qué tienes, qué te pasa?
    —Que tengo unas calenturitas,   de las que en verano pasa.
6   —Quieres que te mate un ave,   de las que vuelan por casa?
    —Sí, padre, mátalo usted,   que me lo sirva mi hermana.
8   Como era tan de verano,   entró con enagua blanca.
    La agarró de la cintura   y se la llevó a la cama.
10 Y a eso de los nueve meses,   un niño en casa lloraba.

—¿Qué has hecho, hijo Tranquilo, que has deshonrado a tu
hermana?
12   —Padre, la culpa está con ti por la haber hecho tan guapa.

1*a*–12*a* each hemistich is repeated.

j. Version sung by Eugenia Ojero, 67 years old, of Aladrén (Zarzagoza), 25 July 1987

El rey moro tenía un hijo, que Tranquilo se llamaba.
2   Y un día estando en la cama, se enamoró de su hermana.
—¿Qué tienes, hijo Tranquilo, que estás malito en la cama?
4   —Tengo unas calenturitas, que van a acabar con mi alma.
—Quieres que te mate un ave, de esas que vuelan con Francia?
6   —Hágame usted lo que quiera, que me lo suba mi hermana.
Como era en tiempo verano, subió con las medias blancas.
8   La cogió de la cintura y se la mete en la cama.
A los nueve meses justos, la niña cae en la cama.
10   Llamaron siete médicos, los mejores de la Habana.
El uno le tocó el pulso, otro le mira la cara,
12   y los demás le decían, su hija está embarazada.
—¿Qué has hecho, hijo Tranquilo, que has deshonrado a tu
hermana?
14   —Si mi hermana he deshonrado, que no haya sido tan guapa.

k. Version recited by Valentín Augustín, 78 years old, of Zaragoza (Zaragoza), 26 July 1987

Un rey moro tuvo un hijo, que Tranquilo se llamaba.
2   Un día estando comiendo, se enamoró de su hermana.
A ver que no pudo ser, cayó malito en la cama
4   y subió su madre a verle. —¿Hijo mío, qué te pasa?
—Tengo unas calenturitas, que al corazón se me abraza.
6   —¿Quieres que te mate un ave, una de esas que crié en casa?
—Sí mátemela, madre, y que se me la sube mi hermana.
8   Como era tiempo verano, subió con enagua blanca.
La cogió de la cintura y se la echó en la cama.
10   —Hermanito, ve lo que va a hacer; mira, que soy tu hermana.
—Si mi hermanita tuvieras que ser, no lo hicieran nacido tan
guapa.

l. Version recited by Andrés Larripa, 77 years old of Castiliscar (Zaragoza), 28 July 1987

Un rey moro tenía un hijo,   que Tranquilo se llamaba.
2   Estando comiendo un día,   se enamoró de su hermana.
—¿Qué tienes, hijo,   que estás mal del alma?
4   —Tengo unas calenturitas,   que me roban el alma...

m. Version sung by Feliz Belilla, 65 years old, of Torrijo de la Cañada (Zaragoza), 30 July 1987

El rey moro tuvo un hijo,   que Tranquilo se llamaba, chivirivirí.
2   Y un día por la mañana,   cayó malito en la cama, chivirivirí.
Y al subir su madre a verlo   y le dijo, —¿Qué te pasa?
4   —Tengo unas calenturitas,   que me llevan hasta el alma.

n. Version sung by Gregorio Miguel Sancho, 83 years old, of Bijuesca (Zaragoza), 30 July 1987

El rey moro tuvo un hijo,   que Tranquilo se llamaba.
2   Y un día comiendo,   se enamoró de su hermana.
—Vi, hermano, lo que dices,   mira que soy tu hermana.
4   —Si eres hermana que vea,   no había nacido tan guapa.
Después de decir así,   cayó malito en la cama.
6   Tracieron cuatro médicos,   los mejores de la Habana.
El uno venía tocar el pulso,   el otro le miraba la cara,
8   y los otros le decían;   —Esta chica está preñada.
Y dijiste la historia,   de Tranquilo y su hermana.

o. Version recited by Isabel Ramos, 87 years old, of Ababuj (Teruel), 22 July 1985

El rey moro tenía una hija,   más hermosa que la plata.
2   De la edad de quince años,   se enamoró de su hermana.
Visto que no podía ser,   se metió malo en la cama,
4   con dolores de cabeza   y una calentura mala.
—Que venga mi hermana a verme,   que no venga acompañada;
6   que sea acompañada   nuestro padre demoradla.

p. Version recited by Carmen, 45 years old, of Biescas (Huesca),
      collected by Teresa Catarella, 7 July 1980

      El rey moro tenía un hijo,   que Tranquilo se llamaba.
2   Y un día estando comiendo,   se enamoró de su hermana.
      Como no podía ser,   cayó enfermito en la cama.
4   Su padre lo iba a ver   tres veces por semana.
      —¿Qué te pasa, hijo mío,   que estás enfermo en la cama?
6   —Tengo unas calenturitas,   que hasta el corazón me abrazan.
      . . .   que fuera su hermana.
8   A los nueve meses justos,   la niña cayó en la cama.

Tamar (*á–a*)—*Tamar.* Tranquilo or Tranquilito, son of a Moorish king,
falls in love with his sister. He takes to his bed and his father offers to kill
a fowl for him. He will only have it if his sister brings it to him. When
she arrives with the food, he rapes her and she becomes pregnant.

9

BLANCAFLOR Y FILOMENA (*é–a*)

(F1/F1)

a. Version recited by María Tena, 77 years old, of Cantavieja
(Teruel), 17 July 1985

Por la puerta de una aldea, se paseaba una aldeana,
2   con sus dos queridas hijas, Blancaflor y Felomena.
Y por allí pasó un turco, destemplando una vijuela.
4   —Turco, ¿cómo no te casas? No vayas de esa manera.
—Bien me casaría yo, señora, si me diera a Felomena.
6   —Felomena no la damos, porque es muchacha y pequeña.
Cásate con Blancaflor, que es más alta y más bella.
8   Se casaron, se esposaron y se la llevó a su tierra.
Y al cabo de ocho meses, la engañó como un traidor.
10   Dijo que se iba a la guerra y se fue a casa 'e la suegra.
Y la suegra que lo supo a recibirlo saliera.
12   —¿Cómo se halla Blancaflor? —Blancaflor se halla muy bella;
ocho meses embrazada y a los nueve da la cuenta.
14   Vengo a ver si puede venir Felomena para que padrina sea.
—Felomena no puede ir, porque es muchacha y pequeña.
16   . . .   —No tengo miedo, mi suegra,
que en las manos del turquillo, como si hermanita fuera.
18   Ya la monta en el caballo, ya su mano blanca aprieta.
—Trato, trato a mi cuñado o es el Demonio que tenta.
20   —Si te tenta o no te tenta, al barranco será la cuenta.
Y ha llegado en el barranco y al punto la tira a tierra.
22   Ya la empieza a deshonrar; ya le ha quitado la lengua.
Con los llantos que ella hacía, un pastor se apareciera;
24   aunque no era pequeñito, hombre de buena manera.
Con el seno le decía, papel y tienta tuviera.
26   —Tienta no tengo, señora, papel todo lo que quiera.
Con la sangre de su lengua, dos letras a Blancaflor;
28   . . . dos a su madre escribiera.

Su madre, que supo esto,   cayó desmayada en tierra.
30   Blancaflor tuvo un niño,   más blanco que una azucena
y mandó a las criadas,   que lo echaran a la cena.
32   Y dijiendo estas palabras,   llega el marido a la cena.
—Sube, sube, mando a cenar,   que tenemos rica cena:
34   cabecita de cordero,   asadita en casuela.
Al primer bocado que echó,   dijo:
36   —Jesús, ñqué carne tan dulce!   Jesús, ñqué carne tan tierna!
—Más dulces son los abrazos,   de mi hermana Felomena,
38   que la has dejado en un barranco,   deshonradita y sin lengua.
—ñMalhaya sean los pastores,   que te han traído la nueva!
40   —No hayas que malhaír,   que de Nuestro Señor era.
Tres puñaladas le dio   y muerto lo dejó en la mesa.
42   —Madres, las que tengáis hijas,   casarlas en vuestra tierra;
no te pase lo que a mí   y a mi hermana Felomena.

Blancaflor y Filomena (*é–a*)—*Blancaflor and Philomena*: A Turk passes through a town and falls in love with Philomena. He asks her mother for her hand in marriage, but the mother offers him Blancaflor, saying Philomena is still too young. He marries the older daughter and takes her with him. She becomes pregnant and the Turk returns to bring Philomena to help her sister and be godmother to the child. Reluctantly his mother-in-law agrees to let Philomena travel. The Turk rapes her and cuts out her tongue, leaving her to die along the way. A shepherd receives a message for Blancaflor and her mother from Philomena, written in the blood from her tongue. When the Turk returns home, Blancaflor, who has already given birth, takes the child, cuts it up and cooks it to serve to him for dinner. When he comments on how tender the meat is, she retorts that her sister's embraces were sweeter. She stabs him three times and leaves him to die. The moral of the story is for mothers: Marry your daughters in their own land, so that what happened to Blancaflor and Philomena shall not happen to you.

10

LA HERMANA CAUTIVA (*i–a*)

(H1/H1)

a. Version from a notebook belonging to the nuns of Barbastro
(Huesca), 13 July 1987

El día de los torneos, pasé por la morería
2   y vi lavar a una mora, al pie de una fuente fría.
—Apártate, mora bella, apártate, mora linda,
4   deja beber mi caballo, de esa agua cristalina.
—No soy mora, caballero, que soy cristiana cautiva.
6   Me cautivaron los moros, día de Pascua Florida.
—Ven conmigo, mora bella, ven conmigo, mora linda.
8   Si te vinieras conmigo, mi esposa pronto serías,
y en las ancas del caballo, Castilla recorrerías.
10   —Y los pañuelos que lavo, ¿dónde me los dejaría?
Los de seda y los de holanda, aquí en mi caballo irían.
12   Los que no valiera nada, el agua los llevaría.
—Y mi honra, caballero, ¿donde me la dejaría?
14   —Aquí en la cruz de mi espada, que a mi pecho va oprimida.
Por ella juro llevarte, hasta los Montes de Oliva.
16   Se montaron a caballo y a su casa la traía.
Al pasar por la frontera, la morita se reía.
18   —¿Por qué te ríes, morita, a qué se debe tu risa?
—No me río del caballo, ni el jinete que lo guía.
20   Me río al ver estas tierras, que esto de la patria mía.
Al llegar cerca los montes, ella a llorar se ponía.
22   —¿Por qué lloras, mora bella, por qué lloras, mora?
Lloro porque en estos montes, mi padre a cazar venía,
24   con mi hermano Morabel y toda la comitiva.
—¿Cómo se llama tu padre? —Se llama Juan de la Oliva.

26   —Si tuvieras a tu hermano, ¿en qué lo conocerías?
       —En un lunar blanco y negro, que el en su pecho tenía.
28   —¿Qué es lo que oigo? ñDios mío! ñVirgen sagrada María!
       Pensaba traer mujer y ñtraigo una hermana mía!
30   ñAbra usted las puertas, madre, y abra bien las celosías!
       Que aquí le traigo la Rosa, a que lloraba noche y día.

b. Version recited by Elvira Galán Rivera, 75 years old, of Zaragoza (Zaragoza), 19 July 1987

       En día de los torneos, pasé por la morería
2   y vi a una mora lavando, a los pies del agua fría.
       —Apártate, mora bella, apártate, mora linda,
4   que va a beber mi caballo de esas aguas cristalinas.
       —Yo no soy mora, señor, soy española y bien linda.
6   Me cautivaron los moros en la guerra de Melilla.
       —Te quieres venir a España, conmigo te llevaría.
8   —Y estas ropitas que lavo, ¿adónde las dejaría?
       —Estas ropitas que lavas, déjalas que cuando venga la criada,
10   ella se las lavaría. . . .
       —¿Cómo se llama tu madre? —Mi madre se llama Elvira.
12   —Y cómo se llama tu padre? —Mi padre se llama Juan,
       y un hermano que yo tengo en la guerra de Melilla
14   se llama José María. . . .
       —Ven a mis brazos, pequeña, le dije con alegría.
16   En vez de llevarme a una mora, me llevo a una hermana mía.

c. Version sung by Aurora Pardo, 60 years old, of Ainzón (Zaragoza), 20 July 1987

       El día de los torneos, pasé por la morería
2   y vi a una mora lavando, al pie de una fuente fría.
       —Apártate, mora bella, apártate, mora linda,
4   que va a beber mi caballo, en esta agua cristalina.
       —No soy mora, soy cristiana, soy en España nacida.
6   Me cautivaron los moros, el día Pascua Florida.
       —¿Cómo se llama tu padre? —Mi padre, Juan de la Villa,
8   y un hermanito que tengo, se llama José María.
       —Abran puertas y ventanas, balcones y galerías,
10   que vengo de buscar novia y traigo una hermana mía.

d. Version recited by Carmen Berches, 70 years old, of Pueyo de Santa Cruz (Huesca), 21 July 1987

    Y aquí en tres quintes, estaba en la morería.
2   Veía una mora lavando, al pie de una fuente fría. . . .
    —No soy mora, caballero, que soy cristiana cautiva.
4   Me cautivaron los moros, cuando era chiquitita.
    —Si quieres venirte a España, con mucho gusto me iría.
6   —Y los pañuelos que lavo, ¿adónde los colocaría?
    —Reserve los de Holanda, para mi caballía,
8   los que no valen tanto, la corriente llevaría.
    El la monta en su caballo y a España se la traía.
10   Y al llegar a la tierra, la mora se reía.
    —¿De quién te ríes, tú, mora? ¿De qué ríes, morita?
12   ¿Estás riendo del caballo o te ríes de quién te lo veía?
    —No me río del caballo, ni tampoco del que lo vía.
14   Me río de ver España, porque estoy en tierra mía.
    —Tu padre, ¿cómo se llama? — Se llama Miguel García,
16   y un hermano que tengo, se llama José María.
    —Abran puertas y ventanas, ventanas y galerías.
18   En vez de una mora, me traigo una hermana mía.

e. Version sung by Angel Araus, 78 years old, of Tabuenca (Zaragoza), 22 July 1987

    San Juan mañanita de primor . . . .
2   Cautivaron a una niña, que llamas Della Quelsor.
    La llevaron al rey moro, para ver lo que decía
4   y la reina que la vio, cuantas dés la despedía.
    De la quiten de delante, ante de que ven dosía,
6   porque ella será la reina y yo seré la cautiva.
    La llavaron a lavar, la ropa de morería.
8   Cuanto más de eso lavaba, más hermosa se volvía.
    Por allí pasó un señor y a España se dirigía.
10   —Buenos días tenga, mora, buenos días tenga osía.
    —No, señor, yo no soy mora, porque soy una cautiva.
12   Me cautivaron los moros, el día de Pascua Florida.
    —Si quiere venir p'a España, de buena gana mía.
14   —Y la ropa que yo lavo, ¿dónde debe la dejaría?
    —La de seda p'a nosotros, la de holanda para la ría.
16   Ya la monta a su caballo y a España la dirigía.

Y a eso de la mitad de camino, la muchacha sonreía.
18 —¿Qué ríes, vila muchacha, qué ríes, hermosa niña?
—A esa mitad me traía, mi hermano a una romería.
20 Y en un . . . de abajo, un incendio programaron.
Mi hermano me abandonó y los moros me cautivaron.
22 —¿Por qué lloras mora bella, por qué lloras mora blanca?
. . . Abra puertas y ventanas, ventanas y galerías,
24 que por traer la mi esposa, ñtraigo a mi hermana querida!

f. Version sung by Juan Manuel Gimeno, 66 years old, of Santa Cruz de Grío (Zaragoza), 23 July 1987

—Retira de allí, mora linda, retira de allí, mora bella,
2 deja beber mi caballo, al pie de esa fuente fría.
Deja de beber mi caballo, de esa agua cristalina.
4 —No soy mora, soy cristiana, soy de España nacida,
que me cautivaron los moros, al día Pascua Florida.
6 —Si quieres venirte conmigo y a España te llevaría.
—Soldadito, soldadito, de buena gana me iría,
8 si no fuera por mi honra, contigo y a España iría.
—Yo te juro por mi espada, que en mi pecho la pondría
10 de no tocar la tu honra y hasta que no fueras mía.
Allí en un bosquecillo, la mora llora y él decía:
12 —¿Por que lloras, mora mía, por qué lloras mora bella?
—Lloro porque en estos montes, mis padres sacan p'a venir.
14 Con mi alma ni Alejandrito y todos en compañía.
—ñVálgame Dios, qué portento, valerme Virgen María!
16 Creyéndo traerme una esposa, ñme traigo a una hermana mía!
Asómense, padre y madre, por ventanas y balcones,
18 que aquí os traigo una hija, que la tenías por perdida,
que aquí os traigo una hija, a que él llora noche y día.

5*b*, 14*b*. These hemistichs are repeated.

g. Version sung by Joaquina Moliner, la de Miguelito, "La Pipaluca," 81 years old, of Pitarque (Teruel), 17 July 1985

En el canto de Algurgur, una morita lloraba,
2 en ver que los españoles, a los moritos mataban.

La cogieron prisionera y al palacio la llevaron,
4   a que la viera la reina. . . .
La reina que te la vio, tan colorada y tan fina:
6   —Quitarmela, por mi Dios, quitarmela, por mi vida,
que si el rey moro la viera, de ella se enamoraría,
8   . . .   y a mi me olvidaría.
—¿A qué oficio la pondremos? . . . .
10 —La pondremos a lavar, los paños a la marina.
Contra más paños lavaba, más colorada y más fina.
12 Estando lavando paños, un caballero pasaba.
—Buenos días, caballero. —Buenos días, mora linda.
14 —Si quieres venir, venir; si quieres venir, lo digas.
—Y los paños que yo lavo ¿y adónde los echaría?
16 —Los que sean de oro fino, échalos a la mesilla,
y los que sean de plata, tíralos a la marina.
18 ¿En dónde quieres montar, a la grupa o a la silla?
—Montaremos en la grupa, con licencia suya y mía.
20 Andaron siete jornadas, sin hablar palabra ni una;
Y al ver a la ciudad, la mora linda se ría.
22 Al entrar (llegar) en la ciudad, la mora linda se ría.
Al hablar siete palabras, sin hablar palabra ni una:
24 —¿Te ríes del caballero, o te ríes de la silla
o te ríes de la espada, que la llevo mal curtida?
26 —Ni me río del caballero, que me da la ciudad de Oliva. . . .
—Ya que ha dicho de que pueblo, diga pues de qué familia.
28 —Mi padre le llaman Juan y a mi madre Catalina,
y un hermano que yo tengo, don Melchor que le decían.
30 —Madre, baje a abrir la puerta, con licencia suya y mía.
—Hijo, si fuera verdad, corona de rey te haría.
32 Y si la trajeras santa, otro tanto te pondría.
—Santa se la traigo, madre, como el día que nació.
34 Y al oír estas palabras, la madre se desmayó.

h. Version sung by Asunción Valles y Calvo, 60 years old, of Cantavieja (Teruel), 20 July 1985

—Levántate, mora bella, levántate, mora linda;
2   deja beber mi caballo, agua pura y cristalina.
—No soy mora, caballero, que soy cristiana cautiva.
4   Me cautivaron los moros, domingo Pascua Florida.
—Si quieres venir, mora, si quieres venir o sea.
6   —Y la ropita que lavo, ¿y dónde me la llevaría?

—La de seda y la de holanda, en mi caballo vendría,
8   y la que no vale nada, en l'agua la llevaría.
     ¿Dónde quieres montar, mora, en las ancas o en la silla?
10   —Y yo en las ancas, caballero, por tu honra y por la mía.
     Ya la monta en el caballo y hacia España la traía.
12   Que al llegar a la ciudad, la morita reía.
     —¿De que te ríes, mora, de mi caballo y su silla?
14   —No me río de su caballo, ni tampoco de su silla.
     Me río, caballero, me río de alegría,
16   porque veo que mi ciudad o a la patria que era mía. . . .
     —Abrime las puertas, madre, abrímelas con alegría;
18   pensando traerme una novia, traigo a una hermanita mía.

i. Version recited by Isabel Ramos, 87 years old, of Ababuj (Teruel), 22 July 1985

     Cuando yo era pequeñita, y apenas tuve cinco años,
2   de los brazos de mi padre, los moros me arrebataron.
     Me llevaron a un desierto, largo tiempo me tuvieron,
4   hasta que yo fue encontrada, por mi hermano el alquileño.
     —El día nueve de julio, pasé por la morería;
6   oí cantar una mora, al pie de una fuente fría.
     —Apártate, mora bella, apártate, mora linda,
8   que va a beber mi caballo, de este agua tan cristalina.
     —No soy mora, caballero, que soy cristiana cautiva,
10   cautivada por los moros, desde pequeñita y niña.
     —ñVálgame la Virgen santa, y la sagrada María!
12   ñCreí de encontrar una mora y encuentro a una hermana mía!
     Abrame, padre, las puertas, ventanas vilucías,
14   que aquí te tengo el tesoro, que llorabas noche y día.
     Su padre le preguntó, que con los moros qué hacía.
16   —Los moritos son muy buenos y mucho me querían,
     sólo estaba p'a guardar, los pavos y las gallinas.

j. Version sung by Carmen García, 67 years old, of Calamocha (Teruel), 23 July 1985

     En los tiempos de los torneos, pasé yo por la morería,
2   y vi a una mora lavando, al pie de una fuente fría.
     Yo le dije, —Mora bella, yo le dije: —Mora linda,
4   deja que beba agua el caballo, d'estas aguas cristialinas.

      —No soy mora, caballero, yo soy cristiana cautiva;
6   que me cautivaron los moros, la noche de Pascua Florida.
      —¿Te quieres venir a España? —De buena gana me iría.
8   Y los panuelos yo lavo, y ¿adónde los dejaría?
      —Los de manila y de seda, en mi montura iría;
10   y los que no me valiesen, la corriente llevaría.
      Y a la monta en el caballo y al llegar a la costera,
12   la mora se echó a reir....
      —¿Por qué ríes, mi morita, por qué ríes, mora linda?
14   —No río del caballo no tampoco quien lo lleva.
      Río porque en estos montes....
16   Me río de ver España, con toda la valentía.
      —¿Por qué lloras, mora bella, por qué lloras, mora bella?
18   —No lloro del caballo, ni tampoco quien lo lleva.
      Lloro porque en estos montes, mi padre viene a cazar.
20   Un hermanito chiquito, le venía a acompañar.
      —¿Cómo se llaman tus padres? —Mis padres, Juan del Oliva
22   y un hermanito chiquito, se llama José María.
      —Y ábrame, madre, las puertas, balcones y galerías,
24   que aquí le traigo a María....
      ... la que robaron los moros, noche de la Pascua Florida.
26   —Hijo, si fuera verdad, de oro te vistería
      y si me la traeréis honrada, la corona te pondría.
28   —Vengo muy honrada, madre, como la Virgen María.
      Sólo me han dado un beso, mi hermano que me traía.

k. Version sung by Ester, 36 years old, with the help of
Alejandro, 55 years old, and a lady, 60 years old, of Sos del
Rey Católico (Zaragoza), collected by Teresa Catarella,
6 July 1980

      Un día de los torneos, pasé por la morería
2   y vi una mora lavando, al pie de una fuente fría.
      —Apártate, mora bella, apártate, mora linda,
4   deja que beba el caballo esa agua cristalina.
      —No soy mora, caballero, que soy cristiana cautiva;
6   me cautivaron los moros, cuando yo era pequeñita.
      —Si quieres venir conmigo: —De buena gana me iría.
8   La hizo montar a caballo y a su mansión la traía.
      Y llegaron a una montaña, la mora ya suspiraba.
10   —No suspires, mora bella; no suspires, mora linda. ·
      —¿Cómo no he de suspirar? Que aquí mis padres vivían.
12   —Abren puertas y ventanas, ventanas y celosías,
      que aquí traigo la hija, que lloraba noche y día. ·

1. Version recited by Carmen, 45 years old, of Biescas (Huesca), collected by Teresa Catarella, 7 July 1980

       —Apártate, mora bella, apártate, mora linda,

2   deja que mi caballo beba, agua clara y cristalina.

       —No soy mora, caballero, que soy cristiana cautiva;

4   me cautivaron los moros, día de Pascua Florida.

       —Si quieres venirte a España; aquí en mi caballo irías.

6   —Y estos pañuelos que lavo yo, ¿dónde los dejaría?

       —Los de hilo y los de Holanda, aquí en mi caballo irían.

8   Y los que no valgan nada, el agua abajo se irían.

       —Y mi honra, caballero, yo, ¿dónde la dejaría?

10   —Te prometo, mora bella, te prometo, mora linda,

       de no mirarte ni hablarte, hasta los montes de Oliva.

12   Al llegar a aquellos montes, la mora llorando iba.

       —¿Por qué lloras, mora bella, por qué lloras, mora linda?

14   —Lloro porque a estos montes, mi padre cazar venía,

       y mi hermano don Alejo, en su compañía venía.

16   Alzó los ojos al cielo: —ñVálgame las tres Marías!

       ñPensé traer una morita y traigo una hermana mía!

18   Madre, abra usted la puerta, ventanas y celosías,

       que ha aparecido la prenda, que buscaba y no veía.

La hermana cautiva (í–a)—The captive sister. A knight passes through a Moorish town and sees a maiden washing at the riverbank. When he addresses her as a Moorish girl and tells her to move so that his horse may drink, she retorts that she is a Christian, captured by the Moors, on Easter Sunday. He asks her to come along with him. He will respect her honor. Along the way, he notices her reaction upon seeing certain landmarks: She cries when they travel through the mountains of Oca, where she and her brother used to accompany their father hunting. When he inquires as to the name of her father, she responds, Juan de Oliva (Juan de la Villa, Juan Molina, Miguel García), her mother, Elvira (Catalina), and her brother, José María (don Melchor, don Alejo). Upon returning to his home, he cries out: "Mother, open the windows and the jalousies. Come out of mourning. I left in search of a wife and I return with my sister!"

11

LAS TRES CAUTIVAS (*í–a*)

(H4*l*)

a. Version from a notebook belonging to the nuns of Barbastro
(Huesca), 13 July 1987

    Campito del moro   y en la verde orilla,
2   donde cautivaron,   tres hermosas niñas.
    El pícaro moro,   que las cautivó,
4   a la reina mora,   se las entregó.
    —Toma, reina mora,   estas tres cautivas,
6   para que te laven,   para que te sirvan.
    —¿Y cómo se llaman   esas tres cautivas?
8   La mayor, Constanza,   la menor, Lucía,
    y la más pequeña   es la Rosalía.
10   Constanza lavaba,   Lucía tendía,
    y la más pequeña,   el agua traía.
12   Un día en la fuente,   en la fuente un día,
    se ha encontrado   a un viejo con melancolía.
14   —¿Dónde va el buen viejo,   camina y camina?
    —Buscando tres hijas,   que tengo perdidas.
16   —¿Y cómo se llaman,   esta tres, tus hijas?
    La mayor, Constanza,   la menor, Lucía,
18   y la más pequeña,   es la Rosalía.
    —Tú eres, pues, mi padre,   y yo soy tu hija.
20   Me voy a contarlo   a mis hermanitas.
    No sabes, Constanza,   no sabes, Lucía,
22   me he encontrado a padre   en la fuente fría.
    Constanza lloraba,   lloraba Lucía,
24   y la más pequeña,   lloraba y reía.
    —No llores Constanza,   no llores, Lucía,
26   que la reina mora,   nos vuelve a la vida.

b. Version sung by Elvira Galán Rivera, 75 years old, of Zaragoza
(Zaragoza), 19 July 1987

En el campo moro,   de la verde oliva,
2   donde cautivaron,   tres hermosas niñas.
El pícaro moro,   que las cautivó,
4   a la reina mora,   se las entregó.
—Toma, reina mora,   estas tres cautivas
6   para que te a laven,   para que te sirvan.
Un día en la fuente,   en la fuentecilla,
8   vi venir a un viejo   y un viejo venía.
—¿Dónde va, buen viejo,   por estos caminos,
10   a buscar tres hijas,   que se han perdido.
—¿Y cómo se llaman   esas tres cautivas?
12   La mayor Costanza,   la menor Lucía,
y la más pequeña,   se llama María.
14   —Ay pues, usted es mi padre;   pues yo soy tu hija.
Vamos a darles cuenta   a mis hermanitas.
16   Costanza lloraba,   Lucia gemía.
—No llores Costanza,   no llores Lucía;
18   porque vuestro padre   viene en busca vuestra,
viene en busca vuestra   a la morería.

c. Version recited by Manuela Cerrador Zagarra, 90 years old,
of Sariñena (Huesca), 11 July 1987

En el valle, valle,   valle de la oliva,
2   donde cautivaron,   a mis tres perdidas.
La una Constanza,   la otra Lucía
4   y la más pequeña,   igual las traía.
Se las entregaron   a la reina mora....

d. Version sung by Aurora Pardo, 60 years old, of Ainzón (Zaragoza),
20 July 1987

En la verde, verde,   en la verde oliva,
2   donde cautivaron,   tres hermosas niñas.
La mayor Costanza,   la menor Lucía,
4   y la más pequeña,   llaman Rosalía.
Costanza lavaba,   Lucia tendía,
6   y la más pequeña,   agua traía.

Un día fue por agua   a la fuente fría.

8   Se encontró un buen viejo,   que agua le pedía. . . .

       —Padre, es usted mi padre: —Hija, eres tú mi hija. . . .

Las tres cautivas (í–a)—The three captive sisters: A Moor captures three
sisters in an olive grove and brings them to his queen.   She puts them to
wash for her and serve her.   Their names are Costanza, Lucía, and Rosalía
(María).   One day, while they are washing by a fountain, an old man
comes by looking very sad.   When they ask him where he is going, he
replies that he is looking for his three lost daughters.   When the girls iden-
tify themselves, all cry for joy and conclude that the Moorish queen will
return them to their father.

12

CORRIENDO VAN POR LA VEGA (*polias.*)

(/H5)

a. Version recited by Tía Asunción Izquierdo, 85 years old, of
Cantavieja (Teruel), 17 July
1985

Corriendo van por la Vega,　a las puertas de Granada,
2　hasta cuarenta con ellos,　un capitán que nos manda.
Al llegar a la ciudad,　parando su yegua blanca,
4　le dijo esto a una mujer,　que entre su brazo quedaba.
—En puro llanto, cristiana,　no me atormentes así,
6　que tengo yo, mi sultana,　un nuevo harén para tí.
Aquí entre todas las vegas　extiende mi poderío.
8　Ni en Córdoba, ni en Granada,　ni parque como el mío.
Y tú, mi sultana eres,　que desiertos mis adones;
10　está mi harén sin mujeres,　mis oidos sin canciones.
Yo te daré terciopelo,　si perfumes orientales,
12　. . . de Grecia . . .　y de Casimir achales.
—¿Qué me importas riquezas?　le contestó la cristiana,
14　si me quitas a mis padres,　mis amigos y mis damas?
Vuélveme, vuélveme, moro,　a mis padres y a mi patria,
16　que mis torres de León,　fue mejor que de Granada.
Y escuchándola en paz el moro　y manoseándose la barba,
18　dijo, como quien medita,　en la mejilla una lágrima:
—Si son mejores tus torres,　por ser tuyas en León.
20　Si es que diste tus amores　a alguno de tus guerreros.
Huya de éste, no llore,　vuelve con tus caballeros.
22　Y dándole su caballo　y la mitad de la guardia,
el capitán de los moros,　volviéndose la espalda.

Corriendo van por la Vega (polias.) —*Through the meadows of Granada*: Moorish soldiers ride through the Vega of Granada. They see a young maiden and learn she is a Christian captured by the Moors. She requests to be returned to her family in León. The Moorish captain gives her a horse and allows her to leave.

13

LA VUELTA DEL MARIDO (é)

(I3/I3)

a. Version sung by Francisca Novallas Navarro, 60+ years old,
of Sabiñáñigo (Huesca), 7 July 1987

    —Soldadito, soldadito, ¿de dónde ha venido usted?
2   —De la guerra, señorita, ¿qué le ha parecido usted?
    —No había visto a mi marido, que hace un año no lo vi.
4   —No, señora, no le he visto, ni se ve que señas es.
    —Mi marido es alto, rubio, alto, rubio, aragonés
6   y en la punta de la espada, lleva señas de marqués.
    —Con las señas que se ha dado, su marido muerto es.
8   A Valencia lo llevaron, ha pasado un genovés.
    —Siete años esperando y otros siete esperaré.
10   Si a lo catorce no viene, monjita m'he de meter;
    monjita de esa que llaman, monjita de Santa Inés.
12   Y las tres hijas que tengo, ¿dónde las colocaré?
    Una en casa doña Juana y otra en casa doña Inés,
14   y la más pequeñita a mí me la quedaré,
    para que me viste y calce y me haga de comer,
16   y me lleve a de paseo, a pasarme a Genoé.

b. Version sung by Araceli Cerecedes, 30 years old, of Borau (Huesca),
8 July 1987

    —Caballero, caballero, ¿de dónde ha venido usted?
2   —De la guerra, señorita, ¿qué se le puede ofrecer?
    —Ha visto usted a mi marido, en la guerra alguna vez?
4   —No lo he visto, señorita, dame las señas de él.
    —Mi marido es alto, rubio, alto, rubio aragonés,
6   y en la punta de la lanza, lleva un pañuelo francés,
    se lo bordé cuando niña, cuando niña lo guardé;

66

8 uno que le estoy bordando, otro que le guardaré.
   Si a los siete años no vuelve, solita me quedaré,
10 y a las tres hijas que tengo, monjitas las meteré.

c. Version sung by Miquela Zaráido Bailó, 84 years old, of Berués,
   San Juan de la Peña (Huesca), 9 July 1987

   —Soldadito, soldadito, ¿de dónde ha venido usted?
2 —De la guerra, señorita, ¿qué se le ha ofrecido usted?
   —Ha visto usted a mi marido, en la guerra alguna vez?
4 —No, señora, no lo he visto, ni se ve qué señas es.
   —Mi marido es alto, rubio, alto, rubio, aragonés,
6 y en la punta de la espada, lleva un pañuelo bordés,
   y se le hube una niña, para casarme con él.
8 —De las señas que usted me ha dado, su marido muerto es.
   Cuatro duques lo llevaban, por las calles de Madrid.
10 —Siete años lo he esperado y otros siete esperaré.
   Si a los catorce no viene, monjita yo me pondré;
12 de esas monjitas que llaman, monjitas de Santa Inés.
   Y las tres hijas que tengo, ¿dónde las colocaré?
14 Una en casa doña Juana y otra en casa doña Inés,
   y la más pequeñita, para mí me la quedaré.
16 Para que me vista y calce y me dé bien de comer;
   y me lleve en la mano, a casa del genovés.
18 La que me de una peseta, no tengo para comer.
   —Calla, calla, Isabelita, calla, calla, Isabel.
20 Yo soy tu esposo marido y tú mi esposa mujer.

d. Version recited by José Pérez, 62 years old, of Berdún (Huesca),
   9 July 1987

   —Soldadito, soldadito, ¿de dónde ha venido usted?
2 —De la guerra, señorita, ¿qué se le ha ofrecido usted?
   —¿Si ha visto usted a mi marido, en la guerra alguna vez?
4 —No, señora, no lo he visto, ni sé de qué seña es.
   —Mi marido es alto y rubio, alto y rubio, aragonés,
6 y en la punta de la espada, lleva escrito que es marqués.
   —Por las señas que usted me ha dado, su marido muerto es.
8 Lo llevaron a Valencia, a casa de un genovés.
   —Siete años he esperado y otro siete esperaré.
10 Si a los catorce no viene, monjita me meteré;

de esas monjitas que llaman,   monjitas de Santa Inés.
12   Y de tres hijas que tengo,   ¿dónde las colocaré?
      Una en casa de doña Juana,   otra en casa doña Inés,
14   y la más pequeñita,   para mí me la guardaré;
      para que me viste y me calce   y me haga de comer,
16   y me saque de paseo,   a casa de un genovés.

e. Version recited by Carmen Abad, 57 years old, of Berdún
(Huesca) and Purificación Boraugodas, 82 years old, of Santa
       María de la Peña (Huesca), in Berdún, 9 July 1987

      —Soldadito, soldadito,   ¿de dónde ha venido usted?
2   —De la guerra, señorita,   ¿qué se le ha ocurrido usted?
      —Si ha visto a mi marido,   en la guerra alguna vez?
4   —No, señora, no lo he visto,   ni sé de qué seña es.
      —Mi marido es alto y rubio,   alto y rubio, aragonés,
6   y en la punta de la espada,   lleva escrito que es marqués.

f. Version sung by Julia María Ortiz, 50+ years old, of Sariñena
             (Huesca), 10 July 1987

      —Soldadito, soldadito,   ¿de dónde ha venido usted?
2   —De la guerra, señorita,   ¿qué se le ha ofrecido usted?
      —Que si ha visto a mi marido   . . . .
4   —No, señorita, no lo he visto,   ni tampoco sé quién es.
      —Mi marido es alto y rubio,   alto y rubio, aragonés,
6   y en la punta de la espada,   lleva un pañuelo bordado,
      que se lo bordé de niña,   de niña se lo bordé.
8   El uno lo estoy bordando   y el otro que le bordaré.
      —De estas señas que usted me dice,   ya me acuerdo verlo,
10   en el campo de batalla. . . .   Me dice que me case con usted.
      —Eso sí tengo marido   eso sí. . . .
12   Y las tres hijas que tengo,   ¿dónde las colocaré?
      La una en casa doña Juana,   la otra en casa doña Inés,
14   y la más chiquirritita,   me la quedaré para mí,
      a que me lave y me peine   y me dé bien de comer
16   y me saque de paseo,   por los palacios del rey.
      —Calle, calle, Chabelita,   tú eres mi alma de Isabel.
18   Yo soy tu querido esposo   y mis tres hijas también.

g. Version sung by Raquel Corvino, 57 years old, of Albalatillo (Huesca), 11 July 1987

—Soldadito, soldadito, ¿de dónde ha venido usted?
2   —De la guerra, señorita, ¿qué se le ofrece usted?
—Que se ha visto a mi marido, por la guerra alguna vez?
4   —Sí lo he visto, no me acuerdo, deme las enseñas de él.
—Mi marido es alto y rubio, alto y rubio y cordobés,
6   y en la puntita de espada, lleva nombre de marqués.
Siete años he esperado, siete le esperaré.
8   Si a los catorce no viene, monjita yo me pondré.
Las dos hijas que tengo, al lado de mí vendrán.
10   Las riquezas y el palacio, a los pobres se darán. . . .
Las tres hijas que tengo, ¿con quién las gusta dejar?
12   La una en casa doña Juana, la otra en casa doña Aunez,
y la una más pequeña, conmigo la llevaré;
14   para que me calce y me vista y me sirva de comer.
—Por Dios, Isabelita, calla, calla, Isabel,
16   que soy tu querido esposo y tú mi linda mujer.

h. Version from a notebook belonging to the nuns of Barbastro (Huesca), 13 July 1987

—Soldadito, soldadito, ¿de dónde ha venido usted?
2   —De la guerra, señorita, ¿qué se le ofrecía usted?
—¿Ha visto usted a mi marido, en la guerra alguna vez?
4   —Sí lo he visto, no me acuerdo, deme usted las señas de él.
—Mi marido es un buen mozo, alto, rubio, aragonés,
6   que en la punta de la lanza, lleva un pañuelo bordés,
que lo bordé cuando niña, cuando niña lo bordé,
8   y otro que le estoy bordando y otro que le bordaré.
Siete años llevo esperando, otro siete esperaré.
10   Si a los catorce no viene, monjita me meteré.
De las tres hijas que tengo, ¿cómo las colocaré?
12   Una en casa doña Juana, otra en casa doña Inés,
y la más chirriquitita, con ella me quedaré;
14   para que friegue y me lave y me guise de comer.
Un caballo que de él tengo, en las ferias venderé.
16   Con el dinero que saque, un rosario compraré
y el dinero que me quede, en misas lo emplearé.
18   Y cuando yo a coro suba, por su alma rogaré.
—Dale vuelta mi caballo, y me daré a conocer.
20   Ya tus hijas tienen padre, tú, marido, y yo, mujer.

i. Version sung by Florinda Pinos, 64 years old, of Caspe (Zaragoza),
16 July 1987

    —Soldadito, soldadito, ¿de dónde ha venido usted?
2   —De la guerra, señorita, ¿qué se le ha ofrecido usted?
    —¿Ha visto usted mi marido, en la guerra alguna vez?
4   —No, señora, no lo he visto, ni sé las señas de él.
    —Mi marido es alto, rubio, alto, rubio, aragonés;
6   en la punta de la espada, lleva un pañuelo bordés.
    Se lo bordé cuando niña, cuando niña lo bordé
8   y otra que le estoy bordando y otro que le bordaré.
    —Calla, calla, Isabelita, calla, calla, Isabel,
10   que tu marido es buen hombre y tú una mala mujer.

j. Version sung by María Gracia, 84 years old, of
Montañana (Zaragoza), in Sástago (Zaragoza), 16 July 1987

    —Soldadito, soldadito, ¿de únde ha venido usted?
2   —¿De la guerra, señorita, ¿qué se le ha ofrecido usted?
    —¿Ha visto usted a mi marido, en la guerra alguna vez?
4   —No, señora, no lo he visto, ni se de qué seña es.
    —Mi marido es alto, rubio, alto, rubio, aragonés,
6   y en la punta de la espada, lleva señas que es marqués.
    —Con las señas que usted me ha dado, su marido muerto es.
8   Lo llevaron a Valencia, a casa de un genovés.
    —Siete años he esperado, otros siete esperaré.
10   Si a lo catorce no viene, monjita me meteré.
    —Calla, calla, Isabelita, calla, calla, Isabel,
12   yo soy tu esposo y marido, tú eres mi esposa, Isabel.

k. Version sung by Aurora Pardo, 60 years old, of Ainzón (Zaragoza),
20 July 1987

    —Soldadito, soldadito, ¿de dónde ha venido usted?
2   —He venido de la guerra, ¿qué se han ofrecido usted?
    —¿Ha visto usted a mi marido, por la guerra alguna vez?
4   —No, señora, no lo he visto, ni sé de que seña es.
    —Mi marido es alto, rubio, alto, rubio, aragonés,
6   y en la punta de la espada, lleva señas del marqués.

     —Por las señas que usted ha dado, su marido muerto es,
8   y el cuerpo han llevado, a la casa de un genovés.
     —Siete años esperando y otros siete esperaré,
10   si a los siete no lo vuelven, monjita me meteré.
     Monjita de esas que llaman, monjita de Santa Inés.
12   Y las tres hijas que tengo, ¿dónde las colocaré?
     La una en casa doña Juana, la otra en casa doña Inés,
14   y la más chiriquitita, para mí me colocaré.
     P'a que me lave y peine y me dé bien de comer,
16   y me saque de paseo, cuando sea menester.

1. Version recited by Carmen Berches, 70 years old, of Pueyo de Santa Cruz (Huesca), 21 July 1987

     —Buenos días, soldadito, buenos días tenga usted.
2   —¿Habrá visto a mi marido, en la guerra alguna vez?
     —No, señora, no le he visto, ni tampoco sé quién es.
4   —Mi marido es alto y rubio, alto y rubio, aragonés,
     y en la punta de la espada, lleva un pañuelo bordés.
6   Lo bordé yo en la escuela, que cuando era chiquitita,
     en la escuela lo bordé....
8   Siete años he esperado y otro siete esperaré.
     Si a los catorce no viene, monjita me meteré....

m. Version sung by Feliciana Carcas, 72 years old, of Gallur (Zaragoza), 21 July 1987

     —Soldadito, soldadito, ¿de dónde ha venido usted?
2   —De la guerra, señorita, ¿por qué me pregunta usted?
     —¿Ha visto usted a mi marido, por la guerra alguna vez?
4   —No, señora, no lo he visto, ni sé qué persona es.
     —Mi marido es alto, rubio, alto, rubio, aragonés,
6   y en la punta de la espada, lleva escrito que es marqués.
     —Sí, señora, sí lo he visto, hace un año que murió....
8   —Siete años he esperado y otros siete esperaré.
     Si a los catorce no viene, monjita me meteré.
10   Monjita de esas que llaman, monjita de Santa Inés.
     Y las tres hijas que tengo, ¿dónde las colocaré?
12   Una en casa doña Juana, la otra en casa doña Inés,
     y la más pequeñita, conmigo la tendré.

n. Version recited by Maricruz Ramiro Artiegas, 76 years old,
of Boquiñena(Zaragoza), 22 July 1987

    —Soldadito, soldadito, ¿de dónde ha venido usted?
2   —De la guerra, señorita, ¿qué se le ha ofrecido a usted?
    —¿Ha visto usted mi marido, por la guerra alguna vez?
4   Sí, señora, sí lo he visto y sé de que señas son.
    —Mi marido es alto, rubio, alto, rubio, aragonés.
6   Y en la punta de la espada, lleva escrito que es marqués.
    —Por las señas que me ha dado, su marido muerto es.
8   Lo llevaron entre cuatro, a la casa de un genovés.

o. Version sung by Angel Araus, 78 years old, of Tabuenca (Zaragoza),
22 July 1987

    —Soldadito, soldadito, ¿de dónde ha venido usted?
2   —Señorita, señorita, de los frentes de Terez.
    —¿Ha visto usted a mi marido, por la guerra alguna vez?
4   —No, señora, no lo he visto, y tampoco sé quién es.
    —Mi marido es alto, recio y tipo de aragonés.
6   —Por las señas que usted ha dado, su marido muerto es.
    La llevaron a Valencia, a casa de un primo de él.
8   —Siete años he esperado, otros siete esperaré.
    Si a los catorce no viene, monjica me meteré.
10   Monjica de las que llaman, monjica de Santa Inés.
    Y mis tres hijas que tengo, ¿dónde las colocaré?
12   La una en casa doña Juana, la otra en casa doña Inés,
    y la más chirriquitica, p'a mí me la quedaré.
14   P'a que me fregue y me barra y me sirva de comer,
    y me lleve de la mano, a cobra la que el cuartel.

3a–15b. Each hemistich is repeated.

p. Version recited by Juan Manuel Gimeno, 66 years old, of Santa
Cruz de Grío (Zaragoza), 23 July 1987

    —Soldadito, soldadito, ¿de dónde ha venido usted?
2   —De la guerra, sí, señora, ¿qué se le ha ofrecido usted?
    —¿Que si ha visto a mi marido, por la guerra alguna vez?
4   —No, señora, no lo he visto, ni sé qué marido es.
    —Mi marido es alto, rubio, alto, rubio, aragonés;

6 y en la punta de la espada, lleve escrito que es marqués.

q. Version sung by Eugenia Ojero, 67 years old, of Aladrén (Zaragoza), 25 July 1987

  —Soldadito, soldadito, ¿de dónde ha venido usted?
2 —De la guerra, señorita, ¿qué se le ha ofrecido usted?
  —¿Ha visto usted a mi marido, por la guerra alguna vez?
4 —No, señora, no lo he visto, ni tampoco sé quién es.
  —Mi marido es alto, rubio, alto, rubio, aragonés,
6 y en la punta de la espada, lleva escrito que es marqués.

r. Version recited by Carmen Garasa, 67 years old, of Biscarrués (Zaragoza), 27 July 1987

  —Soldadito, soldadito, ¿de dónde ha venido usted?
2 —He venido de la guerra: ¿qué se le ha ofrecido a usted?
  —¿Ha visto usted a mi marido, en la guerra, alguna vez?
4 —No, señora, no lo he visto, ni sé de qué señas es.
  —Mi marido es alto y rubio, alto, rubio, aragonés,
6 y en la punta de la espada, lleva un pañuelo bordés,
  que lo bordé siendo niña, siendo niña lo bordé.
8 —Sí, señora, sí lo he visto. . . .

s. Version recited by Luz Ortas, 44 years old, of Berdún (Zaragoza), 28 July 1987

  —Soldadito, soldadito, ¿de dónde ha venido usted?
2 —He venido de la guerra, ¿qué se le ha ofrecido usted?
  —¿Ha visto usted a mi marido, en la guerra alguna vez?
4 —No, señora, no lo he visto, ni sé las señas de él.
  —Mi marido es alto, rubio, alto, rubio, aragonés,
6 y en la punta de la espada, lleva un pañuelo bordés,
  que lo bordé siendo niña, siendo niña lo bordé,
8 y otro que le estoy bordando y otro que le bordaré.
  Siete años he esperado y otros siete esperaré.
10 Si a los catorce no viene, monjita me meteré,
  de esas monjitas que dicen, monjitas de Santa Inés.
12 Y las tres hijas que tengo, ¿dónde las colocaré?
  Una en casa doña Juana, otra en casa doña Inés,

14   y la más pequeñita, conmigo....

t. Version recited by Julia Casas Armández, 75 years old, of
       Uncastillo (Zaragoza), 29 July 1987

       —Soldadito, soldadito, ¿de dónde ha venido usted?
2   —De la guerra, señorita, ¿qué se le ha ocurrido a usted?
       —¿Ha visto usted mi marido, en la guerra alguna vez?
4   —Sí, señora, sí lo he visto, ¿qué se la ha ocurrido a usted?
       —Mi marido es alto y rubio, alto y rubio, aragonés.
6   Y en la punta de la espada, lleva escrito que es marqués.
       —Sí, señora, sí lo he visto, hace un año que murió.

u. Version sung by Angel Palo del Río, 63 years old, of Berdejo
       (Zaragoza), 31 July 1987

       —Soldadito, soldadito, ¿de dónde ha venido usted?
2   —De la guerra, señorita, ¿por qué me pregunta usted?
       —¿Si ha visto a mi marido, en la guerra alguna vez?
4   —No, señora, no lo he visto, ni sé de qué seña es.
       —Mi marido es alto, rubio, alto, rubio, aragonés.
6   Que en la punta de la espada, lleva escrito que es marqués.
       —Sí, señora, sí lo he visto, venga, venga una vez.

v. Version recited by Gregorio Piña, 86 years old, of Albalete
       del Arzobispo (Teruel), 1 August 1987

       —Soldadito, soldadito, ¿de dónde ha venido usted?
2   —De la guerra, señorita,...
       ...   ¿en la guerra alguna vez?
4   —Mi marido es alto, rubio, alto como una ciprés,
       y en la punta de la espada, lleva escrito que es francés.

w. Version sung by Dolores Oriopina, 65 years old, and Asunción
       Sanz, 58 years old, of Hijar (Teruel), 1 August 1987

       —Soldadito, soldadito, ¿de dónde ha venido usted?
2   —De la guerra, señorita, ¿qué se le ha ofrecido a usted?
       —¿Ha visto usted a mi marido, por la guerra alguna vez?

4	—No, señora, no lo he visto, ni sé de qué cinta es.
	—Mi marido es alto, rubio, alto, rubio, aragonés.
6	Que en la punta de la espada, lleva el señal de que es marqués.
	—Por las señas que usted me ha dado, su marido muerto es;
8	lo llevaron a Valencia, a la casa de un genovés.
	—Siete años he esperado y otros siete esperaré.
10	Si a los catorce no viene, monjita me meteré;
	monjita de esas que dijimos, monjitas de Santa Inés.
12	Y las tres hijas que tengo, ¿dónde las colocaré?
	Una en casa doña Juana, otra en casa doña Inés,
14	y la más chiriquitita, conmigo la llevaré.

x. Version sung by Felisa Loyola, 40+ years old, of Calamocha (Teruel), 23 July 1985

	—Soldadito, soldadito, ¿de dónde ha venido usted?
2	—Señorita, de la guerra, ¿qué se le ha ofrecido a usted?
	—¿Y ha visto usted mi marido, en la guerra alguna vez?
4	—No, señora, no lo he visto, ni sé de qué seña es.
	—Mi marido es alto y rubio, buen señor aragonés;
6	que la punta de la espada, lleva señas de marqués.
	—Y es ese señor que usted dice, ya lo mataron hace un mes.
8	Ya lo mataron en Francia, en las puertas de un cuartel,
	y en el testamento dijo: ¡que me case con usted!
10	—Y eso sí que yo no hago y eso sí que yo no haré.
	Siete años he esperado y otros siete esperaré.
12	Si a los catorce no viene, monjita me meteré,
	monjita de esas que llaman, monjita de Santa Inés.
14	Y las tres hijas que tengo y a servirme las pondré.
	La una en casa de un conde, la otra en casa de un marqués;
16	y la más chirriquitita, para mí me la pondré,
	para que me paine y me lave y me dé bien de comer.

Vuelta del marido (é)—The husband's return. A woman calls to a soldier, inquiring from where he is coming. He says he has come from the war. She asks him if he has seen her husband. Upon his request for a description, she responds that her husband is tall, blond, and Aragonese and that he carries an embroidered (French) handkerchief at the tip of his sword (or evidence that he is a marquis). In some versions, she adds that she embroidered the handkerchief and is making another one. He tells her that

her husband is dead. They brought him to Valencia to the home of a Gen-
ovese. She replies that she has been waiting seven years and will wait
another seven. If, after fourteen years, he does not return, she will
become a nun of Saint Inés, and her three daughters will also beome nuns.
The soldier answers: "Be quiet Isabel, it is I, your husband!"

14

LA BODA ESTORBADA (á)

(I5/I7)

a. Version recited by María Laguna, 65 years old, of
    Espierre (Huesca), collected in Jaca (Huesca), 8 July 1987

    Grandes guerras se publican en la tierra y en el mar
2   y el conde Flores le llaman por capitán. . . .
    Llegaba la condesita, la cesaba de llorar,
4   y acaba de ser casada y se tienen que apartar.
    Cuántos días, cuántas noches, cuántas. . . están por allá.
6   Y el conde la contesta: . . . .
    —Si a los tres años no vuelvo, no te puedes llamar.
8   Pasan los tres, pasan los cuatro, pasan cinco y pasan más.
    La condesita no cesaba de llorar . . . .
10   Un día, estando comiendo, su padre le empieza a hablar:
    —Condesita, condesita, tú te debes casar.
12   —Yo no lo quiero del Dios del cielo, yo no vuelvo a casar;
    que del corazón tenga que el conde mío no está.
14   Dame licencia, mi padre, para el conde ir a buscar.
    Y en la mitad del camino, levantóse de la mesa. . . .

b. Version recited by María Luisa Sanz Alegre, of Sariñena (Huesca),
    11 July 1987

    Grandes guerras se publican por la tierra y por la mar
2   y al conde Flores logran de capitán general.
    Lloraba la condesita, no se puede consolar.
4   Acaban de ser casados y se tienen que separar.
    —¿Cuántos días, cuántas meses, piensas estar por allá?
6   —Deja los meses, condesa, por años debes contar.
    Si a los tres años no vuelvo, viuda te puedes llamar.
8   Pasan los tres y los cuatro; nuevas del conde no hay.

Ojos de la condesita, no dejan de llorar.
10 Un día, estando comiendo, ya le dice su papá:
    —Deja los llantos, condesa, nueva vida tomarás.
12 Condes y duques te esperan, hija, te debes casar.
    —No lo quiera Dios del cielo ni la Santa Trinidad;
14 carta en mi corazón tengo, que don Flores vivo está.

c. Version recited by Raquel Corvino, 57 years old, of Albalatillo (Huesca), 11 July 1987

Grandes guerras se publican por la tierra y en el mar
2 y al conde Flores lo llaman por capital general.
   Lloraba la condesita, no cesaba de llorar,
4 que acaba de ser casada y se tiene que apartar.
   —¿Cuantos días, cuantos meses, piensa estar por allá?
6 —Deja los meses, condesa, por años puedes contar.
   Si a los tres años no vuelvo, viuda me puedes llamar.
8 Y allí se queda la novia, vestidita y sin casar,
   que los amores primeros, son malos de olvidar.

d. Version recited by María Peralta, 54 years old, of Estiche (Huesca), 11 July 1987

Grandes guerras se publican por España y Portugal
2 y al conde Flores Romero lo nombran por capitán.
   Lloraba la condesita, no cesaba de llorar,
4 después de haberse casado, se tiene que separar.
   Un día su padre en la mesa, a la condesa se le puso hablar:
6 —Hija, lugar del conde no tiene, hija, de conde te debes casar.
   —No guarde mi corazón tengo, que don Flores debe estar
8 y la condesa marchando . . . .
   Se puso un hábito blanco. . . .
10 se puso al de cordobán, que valía una ciudad,
    y la condesa marchando y marchando por allá,
12 . . .   a un vaquero fue a encontrar.
    —¿De quién son estos vaquitos, todas de un punto y señal?
14 —Del conde Flores Romero, que en aquel castillo está.
    —Y el conde Flores Romero, ¿qué tal vive por acá?
16 —De la guerra vino rico, mañana se va a casar.
    Y la condesa marchando y marchando por allá,
18 al Conde se fue a encontrar: —Una limosna, buen conde.

Puso la mano en el bolsillo y una moneda le da.
20 —Qué ojos de romera tienes, ¿si los habrás visto una
                           vez en Sevilla?
    —¿No conoces el hábito blanco, que me diste después de
                           desposar?
22 Ni con agua, ni con vino, si le pueden pasar,
    sino las buenas palabras, que la condesa le da.
24 —Las gallinas están muertas, el pan masándolo está,
    y aquel te convidaba; ya se pueden retirar,
26 porque los primeros amores, son muy malo de olvidar.

e. Version recited by Felisa Mena Jordán, 58 years old, of Pueyo
de Santa Cruz (Huesca), 21 July 1987

    Grandes guerras se publican por la tierra y por el mar
2 y al conde Flores lo mandan por capitán general.
    Acaba de ser casado y se tiene que marchar.
4 Lloraba la condesita, no cesaba de llorar.
    —¿Cuántos días, cuántos meses, cuántas estás por allá?
6 —No cuentes días, ni meses, por años debes contar.
    Si a los tres años no vuelvo, viuda te puedes llamar.
8 Pasan los tres y los cuatro y no cesaba de llorar.
    —Condes y duques te piden, te debes de ésta a casar.
10 —No lo crea Dios del cielo, ni la Santa Trinidad
    que yo me vuelva a casar. . . .
12 Dame licencia, mi padre, para el conde ir a buscar.
    —Mi licencia tienes, hija, y la bendición la demás.
14 Se retira a su aposento y no cesa de llorar. . . .
    Se quita medias de seda y de lana la fue a catar
16 y se mete un sayal, que le dio al conde al esposar.
    Subió por unas montañas y gran vacada fue a encontrar.
18 —Condesito, condesito, . . .
    ¿De qué llevas tantas vacas todas del mismo señal?
20 —Son del conde Flores . . . por acá. . . .
    De la guerra vino rico y mañana se va a casar.
22 Ya están muertas las gallinas y están amasando el pan
    y los grandes convidados, de lejos llegando van.
24 —Vaquerito, vaquerito, por la Santa Trinidad,
    por el camino más corto, me debes de encaminar.
26 La jornada de todo un día, medio día le duran llegando.
    Junto con el conde, la condesa están hablando:

28   —Dame una limosna, buen conde, por a Dios y por caridad.
        Se mete la mano al bolsillo y un real de plata le da.
30   . . . la romerica, quien lo trajo por acá.
        —Para tan grande señor, poca cosa es un real.
32   Pide la romerica que, lo que pide le da.
        —Yo pido ese anillo de oro, que en tu dedo chico está.
34   Y el conde Flores cayó hacia atrás.
        Ni con agua, ni con vino, no le pueden recordar.
36   Sino con palabras dulces, que la condesa le da.
        —Maldita la romerica, quien la trajo por acá.
38   —No la maldito a ninguno, que es mi mujer natural.
        Con ella vuelvo a mi tierra. . . .
40   Quédese la novia vestidita y sin casar.

f. Version recited by María Luisa García, 57 years old, of Ibdés (Zaragoza), 22 July 1987

        Grandes guerras se publican por la tierra y por el mar.
2   Al conde Flores lo nombran por capitán general.
        Lloraba la condesita, no la pueden consolar.
4   Acaban de ser casados y se tienen que apartar.
        A tiempo de desperdices, la condesa empieza a hablar:
6   —¿Cuántos días, cuántos meses, piensas estar por allá?
        —Deja los días y meses, condesa, por años puedes contar.
8   Si a los tres años no he vuelto, viuda te puedes llamar.
        Pasaron tres y los cuatro; noticias del conde no hay.
10   Ojitos de la condesa no cesaban de llorar.
        Un día estando en la mesa, su padre la empieza a hablar:
12   —Deja llantos, condesita, nueva vida tomarás.
        Condes y duques te impiden, hija, te debes casar.
14   —Dios del cielo no quisiera, que yo me vuelva a casar.
        Carta en el corazón tengo, de que Flores en vivo está.
16   Permiso pido, mis padres, para al conde ir a buscar.
        —Permiso tienes, hija mía, y la bendición además.
18   Se quita medias de seda, de lana las va a cartar.
        Se quita zapatos altos, rasitos lo va a cartar.
20   Se puso umbrial de seda, que valía una ciudad.
        Encima del umbrial se puso un hábito de ensayar,
22   esportillo de romera, de este entonces vino acá.
        Cogió el bordón en su mano y se fue a peregrinar.
24   Ya se va la condesita caminando para allá;
        ya anduvo tres reinos y al conde no ha de encontrar.

26 Ojitos de la condesa, no cesaban de llorar.
Ya por abandonadita y cansadita de andar,
28 sin ver un paso adelante, ella empezó a hablar:
—Aquella montaña he de subir y allí me desgañar
30 y si desde allá diviso, algún cartica ciudad.
Y al llegar a la montaña desde allí da a encontrar....
32 —Vaquerito, vaquerito, ¿de quién guardas tanto ganado?
De uno sólo no será: —Es de un viudo conde,
34 de aquel castillo, que mañana se va a casar.
Ya están las gallinas muertas y está masadito el pan;
36 las gentes viene de fuera que convidadas están.
—Vaquerito, vaquerito, no quisiera saber más,
38 que por el camino más corto me envías esa allá.
—Cogiendo esta senda, al castillo va a parar.
40 Jornada de todo el día en medio lo que rondar.
Anda que te anda, deseosa de andar.
42 Se retira del vaquero, ni adiós se acuerda decir.
Con las ganitas de que tiene de muy pronto llegar allí.
44 Pom, pan, pega la puerta, al conde llama, pregunta:
—Pido una limosna; de limosna le da un real.
46 —Pida, la romera, lo que pida se dará.
—Pido el anillo de oro en tu dedo chico va.
48 Para ti no ha de ser, para mí ha de ser.
Diciendo estas palabritas, se quita el hábito de ensayar.
50 Se quedó con el brial de seda, que valía una ciudad.
—¿No me conoces, conde mío, de tu esposa sevillana?
52 El conde se quedó tento a tento sin la vista quitar.
Echóse para delante, la echóse para abrazar.
54 La novia que la vio, que estaba en el ventanal,
por las escaleras bajo, diciendo estas palabritas:
56 —Maldigo la romera y la que la envío por acá.
—No maldigas la romera; es mi mujer natural.
58 Con ella me voy a mi tierra y aquí ésta quedará.
La novia... compuestita y sin casar.

g. Version recited by a young girl, 16 years old, of Alcalá de la
Selva (Teruel), 15 July 1985

Grandes guerras se publican en la tierra y en el mar
2 y al conde Flores lo nombran por capitán general.
Y ahora va la condesita ya se puede a consolar.
4 Acaban de ser casados y se tiene que marchar:

—¿Cuántos días, cuántos meses, piensas estar por allá?

6 —Deja, condesa, los meses, por años puedes pensar.

Si a los tres años no vuelvo, viuda te puedes llamar.

8 Pasaron los tres y cuatro; nuevas del conde no hay,

y un día estando a mesa, su padre se pone a hablar:

10 —Cartas del conde no llegan, nueva vida tomarás.

Condes y duques te piden, hija, te debes casar.

12 —Lo que quiera Dios del cielo, que no me vuelva a casar.

Cartas en mi corazón tengo, que don Flores vivo está.

14 Dadme licencia, mi padre, para el conde ir a buscar.

—La licencia tienes, hija, mi bendición, además.

16 Se retiró la condesa; llora que te llorarás.

Se quitó zapatos de seda, los puso de cordován.

18 Y encima del brial puso, un levito sayal.

Se echó al bordón al hombro y se fue a peregrinar.

20 Anduvo por mar y tierra y no lo puede encontrar.

Y a subiendo a unos pinares con gran vacada que da.

22 —Vaquerito, vaquerito, yo te quiero preguntar:

¿de quién es tanta vaquada, todo de un hierro y señal?

24 —Del conde Flores, morena, que en aquel castillo está.

—El conde Flores, tu amo, ¿qué tal vive por acá?

26 —De la guerra vino rico; mañana se va a casar.

Ya están muertas las gallinas y está amasadito el pan

28 y las gentes convidadas de lejos llegando van.

—Vaquerito, vaquerito, por Dios y por caridad,

30 por el camino más corto, me debes encaminar.

Jornada por todo el día, en medio la he de andar

32 y allegando a aquel castillo, al conde Flores voy a dar.

—Darme limosna, buen conde, por Dios y por caridad.

34 —ñO qué ojos de romera, en mi vida los vi tal!

Se echó el mano al bolsillo y un real de plata le da.

36 —Para tan grande señor, poca limosna es un real.

—Pues, pida la romerita, que lo que pida tendrá.

38 —Yo pido ese anillo de oro, que en su dedo chico está.

Al oír estas palabras, el conde cayó mortal.

40 Ni con agua ni con vino, se lo puede a recortar.

Bajó la novia corriendo, de un alto ventanal.

42 —Mala haya las morerías, que nos trajo por acá.

— No la maldiga, señores, que es mi mujer natural.

44 Quédese con Dios la novia, vestidita y sin casar.

Que los amores primeros son muy malos de olvidar.

h. Version sung by María la Cabrera, 82 years old, of Valbona (Teruel), 12 July 1985

—¿Para cuántos años, conde, para cuántos años dar?
2 —Para siete, dulces princesas, para siete, y nada más.
Faltan siete, faltan ocho, cerca de los nueve ha,
4 y un día estando en la mesa, la princesa y su papá:
—¿Cómo no te casas, hija? ¿Cómo no te casas ya?
6 —Papá, no quiero casarme, que el conde vive en . . . .
 . . . su bendición y el conde iría a buscar.
8 —Mi bendición de Alá tiene, la de Villote de Villar.
Me vistió de peregrina y al conde me iré a buscar
10 y he corrido toda España, la Francia y a Portugal.
Y a la entera provincia de Granada, con el conde ni me
 he de hablar. . . .
12 —Deme 'na limosna, conde, que me . . . la pueda dar,
que vengo de la Italia y no traigo l'qué gastar.
14 —Tú pides . . . la Italia vienes y allí de nuevo por
 allá.
que la hija de la princesa y está loca de llorar.
16 ¿Y qué . . . de allí? ¿Quién la pudiera escuchar?

La boda estorbada (á)—*The interrupted wedding*: Great wars are being waged on land and sea. Count Flores, recently married to the countess, is named captain general. She is inconsolable. When she asks him how long he is to be gone, he tells her that if he does not return in three years, she should consider herself a widow. Three years pass, and then four, without his return. One day her father advises her to remarry. She suspects that Flores is still alive and asks her father's permission to go in search of him. She disguises herself as a pilgrim and searches through three kingdoms without finding him. Climbing a tall mountain, she sees a shepherd and hears that the livestock he is tending belongs to a count who is to be married the following day. She quickly rides to the castle where he lives and knocks on the door. She asks for alms. The count gives her a coin and tells her to ask for whatever she wants. She asks for the gold ring which is on his fifth finger. When he refuses, she takes off her cloak and asks him if he does not recognize his countess from Seville. He embraces her. His betrothed sees this from her window. He decides to return to his lands in Seville with his wife and leave the girl unmarried, but well taken care of. First loves are difficult to forget.

15

CONDE NIÑO (*á*)

(J1/J1)

a. Version sung by Francisca Novallas, 63 years old, of Berdún
(Huesca), 6 July 1987

    Iba el hijo del vizconde, la mañana de San Juan,
2   y a dar agua a sus caballos y a las orillas del mar.
    Mientras sus caballos beben, echa un hermoso cantar.
4   Y la gente que pasaba se paran a escuchar.
    Y el rey que lo estaba oyendo y a su hija mandó llamar:
6   —Hija mía, qué bien canta la sirenita del mar.
    —Padre, no es la sirenita, la del hermoso cantar.
8   Que es el hijo del vizconde, que conmigo iba a casar.

2*b*, 4*b*, 6*b*, 8*b*. Repeat the hemistich.

b. Fragment recited by Dolores Anuncio, 62 years old, of San Juan
de la Peña (Huesca), 9 July 1987

    Madrugaba el Conde Olinos, la mañana de San Juan,
2   a dar agua a su caballo a las orillas del mar.
    Mientras su caballo bebe, cantaba un lindo cantar.

c. Version recited by Miquela Zaráido Bailó, 84 years old,
of Berués, San Juan de la Peña (Huesca), 9 July 1987

    Mañanita, mañanita, mañanita de San Juan,
2   paseaba el hijo de un conde, por la orillita del mar.
    Mientras que el caballo bebe, el recantaba este vals.
4   La reina que en su palacio, escuchándolo está:
    —Ven, hija mía, ay, verás cómo canta

6   la sirena,   la sirenita del mar.
     —No es la sirenita, madre, no es la sirenita, no.
8   Que es el hijo del vizconde, que por mí penando está.
     Que es el hijo de un vizconde, que por mí penando está.
10   —Si lo supiera de cierto, lo mandaría matar.
     Guardias pone en el palacio, guardias ponen en el portal.
12   Don guardias . . . . . . traidores.
     Diez puñaladas le dan y otras tantas al caballo,
14   La bridas echan al mar . . . .
     La infanta que está salido, a casa de un tío va.
16   —Tío mío de mi vida, un favor vengo a implorar.
     Los amores tengo muertos, a la orillita del mar.
18   Si quisiérais, tío mío, los podríais enterrar.
     —Ese favor no lo pides, concedido está ya.
20   Ya lo cogen entre cuatro, ya lo llevan a enterrar.
     El como hijo de reyes, del lado de una piedra está,
22   y ella como hija de reyes, tres pasitos más allá.
     En el allá ha sido un olivo y en allá un naranjar.
24   La reina, que es pasasito, los ha mandado a arrancar.
     Y allá han hecho una iglesia y allá un hermoso altar,
26   donde los cojos y mancos, allí serán a apurar.
     La reina, que esto ha sabido, y manca de un brazo está.
28   —Hija mía de mi vida, un favor vengo a implorar.
     Hija mía de mi alma, si me quisiérais curar.
30   Si manca de un brazo estás, de los dos te has de quedar.
     Dos amantes se querían, no los dejáis de casar.

Version *c* combines *Conde Niño* with *Guardadora de un muerto* (vv. 15–20).

d. Version recited by Julia Cruz Sánchez, 70 years old, of Berdún (Huesca), 9 July 1987

    Madrugaba el conde Olinos, la mañana de San Juan
2   y mientras el caballo bebe, oía un lindo cantar.
     —Mira, hija, qué bien canta la sirenita del mar.
4   —No, madre, no es la sirena, porque tiene otro cantar.
     Es el hijo del vizconde, que por mí llorando está.
6   —Hija, si eso yo supiera, lo mandaría a matar,
     y también que le tiraran, a las orillas del mar.
8   A ella como hija de reina, la entierran a un altar,

y a él como hijo del rey, dos pasitos más atrás.
10   Entremedios de los dos, ha nacido un naranjal,
donde los cojos y los ciegos, todos se van a curar.
12   La reina que supo eso, pronto lo quiso probar.
—Naranjito, naranjito, por la Santa Trinidad,
14   naranjito, naranjito, un favor me vas a dar:
si me curas este ojo, te regalaría un altar.
16   —Si ciega eres de un ojo, de los dos te quedarás.
Dos amantes se querían, no los dejaste casar.

e. Version sung by Julia María Ortiz, 50+ years old, of Sariñena
(Huesca), 10 July 1987

Madrugaba el conde Olinos, la mañana de San Juan,
2   a dar agua a su caballo a las orillas del mar.
Mientras el caballo bebe, canta un hermoso cantar.
4   Las aves que van volando, se paraban a escuchar.
Desde la torre más alta, la reina lo oyó cantar:
6   —Mira, hija, cómo canta, la sirenita del mar.
—No es la sirenita, madre, que la tiene por cantar,
8   que es la voz del conde Olinos, que por mis amores va.
—Si es la voz del conde Olinos, se lo mandaré a matar,
10   que lo maten a lanzadas y tiene su cuerpo al mar.
—No lo mandes matar, madre, porque si al conde lo mates,
12   ni mi amor tenerás . . . .
—Guardias mandaba la reina y al conde Olinos matar. . . .

f. Fragment recited by María Luisa Sanz Alegre, of Sariñena (Huesca),
11 July 1987

Levantado el conde Olinos, la mañana de San Juan,
2   a dar agua a su caballo, por las orillas del mar.
Lo oyó la reina mora ante su reloj está. . . .

2*b*. Repeats the hemistich.

g. Fragment recited by Bernardino Carruesco, 79 years old, of
Rediquero (Huesca), 15 July 1987

—Mira, hija, cómo canta la sirena de la mar.
2   —No es la sirenita, madre, que ella tiene otro cantar.
Es la voz del conde Olinos, que con mí se ha de casar.
4   —Pues, si es la voz del conde Olinos, yo le mandaré matar.
... que p'a casarse contigo le falta sangre real.
6   —Si usted le manda a matar, a mí muerte me da.

2*b*, 4*b*, 5*b*, 6*b*. Repeat the hemistich.

h. Version sung by Elvira Galán Rivera, 75 years old, of Zaragoza
(Zaragoza), 19 July 1987

Estaba don Fernandito a las orillas del mar.
2   Mientras su caballo bebe, Fernandito echó un cantar.
La reina que le escuchaba desde su palacio real:
4   —Mira, hija, cómo canta la serenita del mar.
—No, madre, no es la sirenita, que es Fernandito en el mar,
6   que en busca de mi vendrá....
—Pues en busca de ti viene, lo mandaremos a ahorcar.
8   —Pues si lo manda a ahorcar, me mando a degollar.
Y al otro día siguiente, ya lo mandaron a ahorcar,
10   y a la reina la mataron.... Los llevan a enterrar.
Lo enterraron cuatro pasos, y había cuatro más atrás....

Each *a* hemistich has this refrain following it: oribún pón
chivirirún.

i. Version recited by Julia Roced, 63 years old, of Sieso de
Huesca (Huesca), born in Paliñena (Huesca), 20 July 1987

Se pasea don Fernando, para las orillas del mar.
2   Mientras su caballo bebe, hay un cantar que decía,
y la reina lo estaba oyendo... :
4   —Mira, hija, cómo canta la sirenita del mar.
—Madre, no es la sirenita, ni tampoco el sirén del mar.
6   Es mi querido Fernando, que con él me he de casar.
—Si con Fernando te casas, lo mandaremos a matar

8   —Y si a Fernando lo maten,   yo me mando a fusilar.
         El, por ser hijo de conde,   lo enterraron en un altar.
10   Ella, por ser hija de reina,   tres pasaditas más atrás.
         De él salió un olivo   y de ella una hermosa rosal,
12   para curar a los ciegos,   que allí se iban a curar.

**j. Version sung by Matilde Miranda Gil, 70 years old, of
      Ibdés (Zaragoza), born in Litago de Moncayo (Zaragoza),
                        22 July 1987**

         Madrugaba Marcelino,   a las orillas del mar
2   y a dar agua a su caballo,   cantó un rico cantar.
         Y la reina en su palacio,   escuchando todo está:
4   —Oye, hija mía, oye,   ñla serenita en la mar!
         —Madre, que no es la serena;   que es el hijo del rey conde.
6   Que es el hijo del rey conde,   que a mí me viene a buscar.
         —Ay hija, si eso supiera,   la mandaría a matar.
8   Ella volvió hacia el castillo   y los de estaba (?) a la ciudad.
         Y los tanantes de guardias,   diez puñaladas le dan,
10   y otras tantas al caballos   donde le tripe al pechal.
         —Ay Dios mío de mi vida   y ¿a quién les diré mi mal?
12   Si se lo digo a mi madre,   a mí me manda a matar.
         Si se lo digo a mi tío,   para mi bien o mi mal.
         —Ay tío, una cosa le dioo,   no se si lo concederá.
14   Tengo mis amores muertos,   en la orilla de la mar;
         tengo mis amores muertos,   qué remedio (?) me han a dar.
16   . . .   y el mandato pronto estará.
         Lo cogen entre cuarto hombres   y lo llevan a enterrar.
18   Y en la puerta de la iglesia,   la infanta la . . . le dan.
         —Adiós, adiós, mi vida,   adiós, ya me te vas.
20   Y antes de los nueve días,   te tengo de ir a buscar.
         A los siete días justos,   la infanta muy grave está,
22   y a los ocho cumplidos,   a la infanta unción le dan.
         Y a los nueve cumplidos,   ya la llevan a enterrar.
24   Y ella, como hija de rey,   en la grada del altar.
         Y él, como hijo de conde,   y un poquito más atrás.
26   La madre, aquella reina,   los ha mandado a tirar,
         desde la tapia más alta   y a la tapia del corral.
28   Y al mitad que me curaras,   te mandería a adorar;
         al mitad que no me curas,   te mandaré derribar.
30   —Si estás muy mala de un ojo,   de los dos que has de cegar.
         Que a los que bien se querían,   no los dejaste gozar,

32   que dos que bien se querían, no los dejaste gozar.

17*b*, 20*b*, 28*b*. Repeat the hemistich.
Version *j* combines *Conde Niño* with *Guardadora de un muerto* (vv. 11–21).

k. Version recited by Juan Manuel Gimeno, 66 years old, of
         Santa Cruz de Grío (Zaragoza), 23 July 1987

         Una tarde de verano, salió el hijo conde, madre,
2   a dar agua a su caballo a la orilla del mar.
         Mientras el caballo bebe, Marcelino echa un cantar.
4   La reina que lo oye, mandó a su hija llamar:
         —Mira, hija, qué bien canta, mira, la sirenita del mar.
6   —No es la sirenita, madre, es el hijo del conde madre,
         que me viene a festejar. . . .
8   —Si esa lo supiera yo, lo mandaría a matar.
         —Si usted lo mandaría a matar, moriría yo atrás.
10   Muere uno, mueren dos; ya los llevan a enterrar.
         A ella por ser hija de reina, la ponen en un altar.
12   Las echaron los dos juntitos, a las orillas del mar,
         y aquí se termina la historia de Marcelino echó un cantar.

l. Version sung by María Angeles Abaz, 12 years old, of Calamocha
         (Teruel), 23 July 1985

         Madrugaba el conde Olinos, mañanita de San Juan,
2   a dar agua a su caballo a las orillas del mar.
         Mientras su caballo bebe, se oye un hermoso cantar.
4   Es la voz del conde Olinos, que a todos cantando va.
         Desde la torre más alta, la reina la oyó cantar:
6   —Mira, hija, cómo canta la sirenita del mar.
         —No es madre la sirena, que ésa tiene otro cantar.
8   Es la voz del conde Olinos, que por mi verando esta.
         —Si es la voz del conde Olinos, yo le mandaré matar;
10   que le maten a cuchillo y echen su cuerpo en la mar.
         —Si le manda a matar, madre . . . .

m. Fragment recited by Gregorio Piña, 86 years old, of Albalete
del Arzobispo (Teruel), 1 August 1987

       Madrugaba el conde Olinos, la mañana de San Juan,
2   a dar agua a su caballo a las orillas del mar.
       . . . y en esto llegó una chica. . . .

n. Version sung by la Sra. Sáez, 48 years old, of Albarracín
(Teruel), 12 July 1985

       Madrugaba el conde Olinos, la mañana de San Juan,
2   a dar agua a su caballo a las orillas del mar.
       Mientras su caballo bebe, canta un hermoso cantar,
4   que las aves que van volando, se paraban a escuchar.
       —Bebe, mi caballo, bebe, Dios te me libre del mar,
6   de la furia del viento y las aguas del mar.
       Altas torres del palacio, la niña lo oyó cantar.
8   —Mira, hija, cómo canta la sirenita del mar.
       —No es la sirenita, madre, ésa tiene otro cantar.
10   Es la voz del conde Olinos, que por mis amores va.
       —Si es la voz del conde Olinos, yo lo mandaré a matar;
12   que para casar contigo falta sangre real.
       Guardias, mandaba la reina, al conde Olinos buscas.
14   Que lo maten a lanzadas y echen su cuerpo a la mar.
       La infanta no cesaba de llorar:
16   El murió a la medianoche y ella oyó a los gallos cantar.

o. Version sung by Josefina Las, 40 years old, of Formiche Alto
(Teruel), 14 July 1985

       Caminaba el conde Olinos, mañanita de San Juan,
2   a dar agua a su caballo a las orillas del mar.
       Mientras el caballo bebe, canta un hermoso cantar.
4   Las aves que iban volando, se paraban a escuchar.
       Desde las torres más altas, la reina le oyó cantar.
6   —Mira, hija, cómo canta la sirena de la mar.
       —No es la sirenita, madre, que se hace otro cantar.
8   Es la voz del conde Olinos, que por mis amores va.
       —Si es la voz del conde Olinos, yo le mandaré matar,
10   que para casar contigo le falta sangre real.
       —No le mandes matar, madre, no le mande usted matar,

12 que si mata al conde Olinos, a mí la muerte me da.
  Guardes mandaba la reina, al conde Olinos buscar,
14 que lo maten a lanzadas y echen su cuerpo a la mar.
  El murió a la medianoche y ella a los gallos cantar.
16 El guardia que lo mataba no cesaba de llorar.
  La reina llena de furia, ya los mandan a enterrar.
18 Ella que es hija de reyes la enterró bajo el altar.
  El que es hijo de condes unos pasos más atrás.
20 De ella nació una rosa blanca; de él un espino albar.
  Las ramas que se juntaban dulces abrazos se dan.
22 La reina llena de furia, pronto las mandó a cortar,
  Pero por mucho que cortan, no las pueden separar.

2*b*, 4*b*, 6*b*, 8*b*, 10*b*, 12*b*, 14*b*, 16*b*,
18*b*, 20*b*, 22*b*: hemistichs are repeated.

p. Version recited by María Tena, 77 years old, of Cantavieja (Teruel), 17 July 1985

  San Lorenzo fue a dar agua, a las orillas del mar.
2 Entre que el caballo bebía, él cantaba sus lindos cantares.
  Los pájaros que volaban, se pararon de volar,
4 y la reina del palacio, al balcón se fue asomar:
  —Sale, sale, hija mía, si te quieres alegrar,
6 que la mar se quiere alborotar....
  —Ay madre, no es la mar, que se quiere alborotar.
8 Es San Lorenzo, que me viene a festejar.
  —Si yo supiera esto, lo mandaba a descabezar.
10 Al otro día mañana, la cabeza mandó cortar;
  y a la puerta de su cuarto, la mandó colgar.
12 Ella se levantó triste, afligida, a un arca la fue a echar.
  Y al otro día mañana, la cabeza fue a mirar.
14 Los ojos se le consumian, la nariz le hacía mal.
  —Si se lo digo a mis padres, mis padres me matarán.
16 Si se lo digo a mis tíos, mis tíos se callarán.
  Tíos míos, tíos míos, un secreto vengo a dar,
18 tengo amores muertos y no los puedo enterrar.
  A las tres entierran San Lorenzo....
20 Y a las cuatro la infanta difunto está.
  La hija del rey, al altar mayor la entierran,
22 y el hijo del conde tres pasitos más atrás;
  y de la hija sale un lindo naranjal, y de él un lindo peral.

24   Y las ramitas del medio   se vinieron a juntar
        y formaban un lindo altar. . . .
26   y la gran tunela la reina,   las ha mandado a cortar.

q. Version sung by Rosa Arroyo, 60+ years old, of Villarluengo (Teruel), 17 July 1985

        Caminaba el conde Olinos,   mañanita de San Juan,
2   a dar agua a su caballo   en las orillitas del mar.
        —Que de mi caballo bebe,   empezaba a cantar.
4   Las aves que iban volando,   se paraban a escuchar.
        Mientras el caballo bebe,   entornábase a cantar.
6   La reina que escuchaba,   a su hija la mandó a llamar.

r. Fragment sung by Isabel la Casa, 79 years old, of Lechago (Teruel), 25 July 1985

        Madrugaba el conde Olinos,   la mañana de San Juan,
2   a dar agua a su caballo   a las orillas del mar.
        Mientras su caballo bebe,   cantó un hermoso cantar.
4   Las aves que iban volando,   se paraban a escuchar.

s. Version sung by Presentación, 43 years old, with the collaboration of her husband, Alejandro, 55 years old, and a neighbor, Ester, 36 years old, of Sos del Rey Católico (Zaragoza), collected by Teresa Catarella, 6 July 1980

        Paseaba el vizconde,   la mañana de San Juan,
2   a dar agua a sus caballos   a las orillas del mar.
        Mientras el caballo bebe,   una voz se oye cantar.
4   —Mira, hija, ñcómo canta   la sirenita del mar!
        —No es la sirenita, madre,   ni tampoco el sirenal.
6   Es el hijo del vizconde,   que por mí llorando está.
        —Si eso se lo supiera cierto,   lo mandaría matar;
8   que le de cien puñaladas   a las orillas del mar;
        y otras tantas al caballo   y echen las bienzas al mar.
10   Al oír esto la hija,   a casa de su tío va.
        —Tengo los amores muertos   a las orillas del mar.
12   —Si tienes los amores muertos   a las orillas del mar,
        que los cojan . . .   y los lleven a enterrar.

14 Pasan una y pasan dos y la niña enferma está;
   pasan tres y pasan cuatro, enferma de gravedad;
16 pasan cinco y pasan seis y la niña muerta está;
   pasan siete y pasan ocho, ya la llevan a enterrar.
18 Como era hija de reyes, la entierran en un altar;
   y al hijo del vizconde, cuatro pasos más atrás.
20 Y allí hicieron una ermita y en la ermita un altar,
   donde los cojos y mancos, allí se iban a curar.
22 La reina, como era coja, allí se fue a curar.
   —Ermitaño, si me curas, te haré una catedral.
24 —Si eres coja de una pierna, de las dos te quedarás.
   Dos amantes se querían y no los dejaste casar.

Variants: 2b a la orillita del mar; la sirena echó a cantar;
3a los caballos beben; 14a la princesa; 20 d'ella salió
una ermita, y d'él un lindo altar; 23b yo te haré.
Note: 9b bienzas = bridas, according to the singer.
Version s combines *Conde Niño* with *Guardadora de
un muerto* (vv. 10–17).

Conde Niño (á)—*Count Niño*: On the morning of St. John's Day, the
count (or viscount) brings his horse to drink by the shores of the sea.
While the horse drinks, the count sings a beautiful song. The queen is
listening and remarks to her daughter how beautiful the song of the
mermaid is. Her daughter answers that it is not the song of the mermaid,
but that of Count Olinos, who is pining for her. The queen says that, if
that is the case, she will have him killed. She orders it done and her
daughter dies of grief. The two are buried next to each other and, from
their graves, grows an orange tree with miraculous powers. If two people
love each other they should marry.

16

¿DÓNDE VAS, ALFONSO XII? (*i*)

(J2/J3)

a. Version sung by María La Real, 81 years old, of Sabiñáñigo (Huesca), born in Pamplona (Navarra), 5 July 1987

    —¿Dónde vas, Alfonso XII, dónde vas, triste de mi?
2   —Voy en busca de Mercedes, que ayer tarde no la vi.
    Si Mercedes ya se ha muerto, muerto está que yo la vi.
4   Cuatro duques la llevaban por las calles de Madrid.

2*b* is repeated.

b. Version sung by María Bielsa Paguna, 80 years old, born in Barbastro (Zaragoza); Natividad Mediano, 80 years old; Margarita Peláez, 80 years old, in Jaca (Huesca), 7 July 1987

    —¿Dónde vas, Alfonso XII, dónde vas, triste de ti?
2   —Voy en busca de Mercedes y ayer tarde no la vi.
    Los zapatos que llevaba eran de un rico charol,
4   que le regaló don Alfonso, el día en que se casó.
    Ya Mercedes está muerta, muerta está que no la vi.
6   Cuatro duques la llevaban por las calles de Madrid.

c. Version sung by Aurelia Sanz, 80 years old, born in Villalobo (Huesca), collected in Sabiñañago (Huesca), 7 July 1987

    —¿Dónde vas, Alfonso XII, dónde vas, triste de mi?
2   —Voy en busca de Mercedes, que ayer tarde no la vi.

    Ya Mercedes está muerta, muerta está que yo la vi.
4   Cuatro duques la llevaron por las calles de Madrid.

Verses 2 and 4 are repeated.

d. Version sung by Pilar Ovieto Parasín, 57 years old, of Botaya
            (Huesca), 9 July 1987

    —¿Dónde vas, Alfonso XII, dónde vas, triste de ti?
2   —Voy en busca de Mercedes, que ayer tarde no la vi.
    — Merceditas ya está muerta; ya la llevan a enterrar.
4   Cuatro duques la llevaron por las calles de Alcalá.

e. Fragment sung by Miquela Zaráido Bailó, 84 years old, of
        Berués, at San Juan de la Peña (Huesca), 9 July 1987

    —¿Dónde vas, Alfonso XII, dónde vas, triste de ti?
2   —Voy en busca de Mercedes, que ayer tarde no la vi.
    —Si Mercedes ya se ha muerto, muerto está, que yo la vi.

f. Version recited by Pura Sánchez, 60+ years old, of Embún
            (Huesca), 9 July 1987

    —¿Dónde vas, Alfonso XII, dónde vas, triste de ti?
2   —Voy en busca de Mercedes, por las calles de Madrid.
    Ya Mercedes se ha muerto; ya la llevan a enterrar.
4   Cuatro duques la llevaban por las calles de Madrid.

Verse 2 is repeated.

g. Version recited by Alejando Clavería Huértalo, 66 years old, of
            Berdún (Huesca), 9 July 1987

    —¿Dónde vas, Alfonso XII, dónde vas, pobre de ti?
2   —Voy en busca de Mercedes, que ayer tarde la perdí.
    —Ya Mercedes está muerta, muerta está, que yo la vi.
4   Cuatro duques la llevaban por las calles de Madrid.

h. Version recited by Cristobalina Torralba, 62 years old, of Berdún (Huesca), 9 July 1987

—¿Dónde vas, Alfonso XII, dónde vas, pobre de ti?
2   —Voy en busca de Mercedes, que ayer tarde no la vi.
—Doña Mercedes se ha muerto; ya la llevan a enterrar.
4   Cuatro duques la llevaban por la Calle de Alcalá.
Los zapatos que llevaban eran de un rico charol,
6   regalados para Alfonso, el día en que se casó.
Y las medias que llevaba eran de un color gris,
8   regaladas para Alfonso, el día en que fue a Madrid.

i. Version recited by Carmen Abad, 57 years old, of Berdún (Huesca), and Purificación Boraugodas, 82 years old, of Santa María de la Peña (Huesca), in Berdún, 9 July 1987

—¿Dónde vas, Alfonso XII, dónde vas, triste de ti?
2   —Voy en busca de Mercedes, que ayer tarde no la vi.
—Si Mercedes ya está muerta, muerta está, que yo la vi.
4   Cuatro duques la llevaban por las calles de Madrid.

j. Version recited by Julia María Ortiz, 50+ years old, of Sariñena (Huesca), 10 July 1987

—¿Dónde vas, Alfonso XII, dónde vas, que por allí?
2   —Voy en busca de Mercedes, que ayer tarde no la vi.
—Mercedes ya está muerta; ya está muerta, yo la vi.
4   Cuatro duques la llevaban por las calles de Madrid.

k. Version recited by Manuela Cerrador Zagarra, 90 years old, of Sariñena (Huesca), 11 July 1987

—¿Dónde vas, Alfonso XII, dónde vas, triste de ti?
2   —Voy en busca de Mercedes, que ayer tarde no la vi.
—Merceditas ya está muerta, muerta está que yo la vi.
4   Cuatro duques la llevaban por las calles de Madrid.

l. Version sung by Manuela Cerrador Zagarra, 90 years old, of
Sariñena (Huesca), 11 July 1987

  De los árboles frutales, me gusta el melocotón,
2 y de los reyes de España, Alfonsito de Borbón.
  —¿Dónde vas, Alfonso XII, dónde vas, pobre de ti?
4 —Voy en busca de Mercedes, que ayer tarde no la vi.
  —Merceditas ya está muerta, muerta está, que yo la vi.
6 Cuatro duques la llevaban por las calles de Madrid.
  Los zapatos que llevaban eran de rico charol,
8 que se lo regala Alfonso, el día que se casó.

Verse 6 is repeated.

m. Version of the notebook belonging to the nuns of Barbastro
(Huesca), 13 July 1987

  De los árboles frutales, me gusta el melocotón,
2 y de los reyes de España, Alfonsito de Borbón.
  —¿Dónde vas, Alfonso XII, dónde vas, triste de mí?
4 —Voy en busca de mi esposa, que ayer tarde no la vi.
  —Si, Mercedes ya se ha muerto, muerta está, que yo la vi.
6 Cuatro duques la llevaban por las calles de Madrid.
  Su carita era de seda y sus manos de marfil
8 y el velo que la cubría era un rico carmesí.
  Los zapatos que llevaba eran de un rico charol,
10 regalados por Alfonso, el día en que se casó.
  El manto que la tapaba era un rico terciopelo,
12 con un letrero que dice: "Ya murió cara de cielo".
  Los caballos del palacio ya no quieren pasear,
14 porque se ha muerto Mercedes y luto quieren guardar.
  Los faroles del palacio ya no quieren alumbrar,
16 porque se ha muerto Mercedes y luto quieren guardar.
  Ya murió la flor de mayo; ya murió la flor de abril,
18 ya murió la que reinaba, por las calles de Madrid.
  —Al subir las escaleras, una negra sombra vi;
20 cuanto más me retiraba, más se acercaba a mí.
  —Que soy tu esposa, Mercedes, que me vengo a despedir.
22 Cásate, buen caballero, cásate y no estés así.
  La primera hija que tengas, la llamarás como a mí.

n. Version sung by Cristina Campo Verde, 70 years old, of Azahara
(Huesca), 15 July 1987

       —¿Dónde vas, Alfonso XII, dónde vas tú por allí?
2   —Voy en busca de Mercedes, que ayer tarde no la vi.
       —Merceditas ya se ha muerto, muerta está que yo le vi.
4   Cuatro duques la llevaban por las calles de Madrid.
       Los zapatos que llevaban eran de un rico charol.
6   Se la regaló Alfonso, el día que se casó.
       —Al entrar en el palacio, una sombra bajar vi;
8   cuanto más me retiraba, más cerca estaba de mí.
       —Ay Alfonso, no me retires, no te retires de mí,
10   que soy Merceditas del alma, que me vengo a despedir.
       Piso oro piso plata, piso las calles de un rey;
12   que me ha dicho una señora que ¿cuántas hijas tenéis?
       —Tengo, tengo las que tengo,... con el pan que Dios
                                me ha dado.
14   con el pan que Dios me ha dado, me las mantengo muy bien
       ya me voy enojada a los palacios del rey
16   a contarle a mi señora lo que pasa con usted.
       —Vuelva, vuelva, caballero no sea tan des[cortés].
18   De las tres hijas que tengo, la más linda le daré.
       Esta tomo por esposa, por esposa y por mujer.
20   Sobrina de doña Concha, hija de doña Isabel.
       ... usted la trata muy bien;
22   ella siga bien tratada en silla de oro sentada,
       zapatitas de Corea cuando la haya menester.
24   En el vaso que yo bebo y en ella beberá también....

Version *n* combines *Alfonso XII* and *Escogiendo novia* (vv. 11–24).

o. Fragment recited by José Espuma, 78 years old, of Fonz
(Huesca), 16 July 1987

       —¿Dónde vas, Alfonso XII, dónde vas tú por allí?
2   —Voy en busca de Mercedes, que ayer tarde no la vi.

Verse 2 is repeated.

p. Version recited by Irene Arrás Rodríguez, 86 years old, born
in Manila (Philippines),in Villafranca de Ebro (Zaragoza),
19 July 1987

    —¿Dónde vas, Alfonso XII, dónde vas, triste de mí?
2   —Voy en busca de Mercedes, que ayer tarde no la vi.
    —Pues Mercedes ya está muerta, muerta está, que yo la vi.
4   Cuatro duques la llevaban por la calle de Madrid.
    Los zapatos que llevaban era de un rico charol;
6   regalados por Alfonso, el día que se casó.
    El vestido que llevaba era de un rico tisú,
8   regalado por Alfonso, el día que se casó.

q. Version recited by Nicolas Arilla Bueno, 92 years old, of Ibieca
(Huesca), 20 July 1987

    —¿Dónde vas, Alfonso XII, dónde vas, triste de ti?
2   —Voy en busca de Mercedes, que ayer tarde la perdí.
    Ya Mercedes está muerta, muerta la vi ayer.
4   Cuatro duques la llevan por las calles de Madrid.

r. Version recited by Antonia Espuner, 80 years old, of Ibieca
(Huesca), 20 July 1987

    De los árboles frutales, me gusta el melocotón,
2   y de los reyes de España, Alfonsito de Borbón.
    —¿Dónde vas, Alfonso XII, dónde vas, tú por allí?
4   —Voy en busca de Mercedes, que ayer tarde la perdí.
    —Pues, Mercedes ya está muerta, muerta está que yo la vi.
6   Cuatro duques la llevaban por las calles de Madrid.
    Al subir las escaleras, Alfonsito desmayó.
8   El otro papa le decía: —Alfonso, tené valor.
    Que las luces del palacio ya no quieren relumbrar,
10 porque se ha muerto Mercedes, luto le quieren llevar.
    Las campanas del palacio ya no quieren resonar,
12 porque se ha muerto Mercedes, luto le quieren llevar.
    La mantilla que llevaba era de una rica blonda,
14 que se lo regalo Alfonso, cuando vino de la guerra.
    Los zapatos que llevaba eran de un rico charol,
16 que se lo regalo Alfonso, cuando vino de Borbón.

s. Version sung by Feliciana Carcas, 72 years old, of Gallur (Zaragoza), 21 July 1987

    —¿Dónde vas, Alfonso XII, dónde vas, triste de ti?
2   —Voy en busca de Mercedes, que ayer tarde no la vi.
    —Merceditas ya se ha muerto, muerta está, que yo la vi.
4   Cuatro duques la llevaban por las calles de Madrid.
    Los zapatos que llevaba eran de un rico charol
6   regalados por Alfonso, el día que se casó.

t. Version recited by Maricruz Ramiro Artiegas, 76 years old, of Boquiñena (Zaragoza), 22 July 1987

    —¿Dónde vas, Alfonso XII, dónde vas, triste de ti?
2   —Voy en busca de Mercedes, que ayer tarde no la vi.
    —Merceditas está muerta, muerta está, que yo la vi.
4   Cuatro duques la llevaban por las calles de Madrid.
    Los zapatos que llevaba eran de color de marfil.

u. Version sung by Matilde Miranda Gil, 70 years old, of Ibdés (Zaragoza), born in Litago de Moncayo (Zaragoza), 22 July 1987

    —¿Dónde vas, Alfonso XII, dónde vas, triste de ti?
2   —Voy en busca de Mercedes, que ayer tarde no la vi.
    —Pues, Mercedes ya está muerta, muerta está, que yo la vi.
4   Cuatro duques la llevaban por las calles de Madrid.
    Su carita era de Virgen, las manitas de marfil,
6   y un vestido que llevaba y era un color de . . . .
    Al paso se marchó, pasa triste y desconsolado,
8   y al subir la escalera, una sombra se ha presentado.
    —No te espantes, Alfonsito, no te retires de mí.
10   Soy tu esposa, Mercedes, que te vengo a despedir.

v. Fragment sung by a group of children, 6–12 years old, in Sos del Rey Católico (Zaragoza), 28 July 1987

    —¿Dónde vas, Alfonso XII, dónde vas, triste de ti?
2   —Voy en busca de Mercedes, que ayer tarde no la vi.

—Cuatro duques la llevaban por las calles de Madrid.

w. Version sung by Luisa Benedicto, 75 years old, of Albarracín (Teruel), 15 July 1985

      —¿Dónde vas, Alfonso XII, dónde vas, ay triste de ti?
2   —Voy en busca de Mercedes, que ayer tarde la perdí.
      —Merceditas ya se ha muerto, que ayer tarde yo la vi.
4   Cuatro duques la llevaban por las calles de Madrid.

x. Version recited by Matilde Guillén, 83 years old, of Formiche Alto (Teruel), born in Castella (Teruel), 14 July 1985

      —¿Dónde vas, Alfonso XII, dónde vas, triste de ti?
2   —Voy en busca de Mercedes, que ayer tarde, no la vi.
      —Si a Mercedes no la ha visto, muerte está, que yo le vi.
4   Cuatro duques la llevaron por las calles de Madrid.
      Los faroles del palacio no los quieren alumbrar,
6   porque se ha muerto Mercedes   . . . junto se los quedan.

y. Version recited by María Tena, 77 years old, of Cantavieja (Teruel), 17 July 1985

      De los árboles frutales, me gusta el melocotón;
2   y de los reyes de España, Alfonsito de Borbón.
      —¿Ande vas, Alfonso XII, dónde vas, triste de ti?
4   —Voy en busca la Mercedes, que ayer tarde no la vi.
      —La Mercedes ya se ha muerto, muerta está, que yo la vi.
6   En el Pantes está. . . .
      Su carita era de Cielo y sus labios de cristal.
8   Los zapatos que llevaba eran de un rico charol,
      regalados por Alfonso, el día que se casó.
10   Al subir las escaleras, una sombra negra vi;
      contra más me atiraba, más se aprosimaba a mí.
12   —No te arretires, Alfonso, no te arretires, triste de ti,
      que soy tu esposa, Mercedes, que me vengo a despedir.
14   —Si eres mi esposa Mercedes, echa brazos sobre mí.
      —El brazo no lo puedo echar, que en la tierra lo perdí.
16   Cásate, cásate, Alfonso, no lleves la vida así.
      Con la mujer que te cases, no la trates como a mí;

18   ṇi la lleves a los bailes, ni a ningún ferrocarril.
      Échala entre dos cristales, no le pase como a mí.
20   Los faroles del palacio, ya no quieren alumbrar,
      porque ha muerto Mercedes, luto le quieren llevar.

z. Version recited by Ramona Lorente, 74 years old, of
        Cantavieja, born in Pitarque (Teruel), 20 July 1985

          —¿Dónde vas, Alfonso XII, dónde vas, triste de mí?
2   —Voy en busca de Mercedes; ayer tarde no la vi.
          —Si Mercedes ya está muerta, muerta está, que yo la vi.
4   Cuatro duques la llevan por las calles de Madrid.

aa. Version recited by Isabel Ramos, 87 years old, of Ababuj
         (Teruel), 22 July 1985

          —¿ónde vas, Alfonso XII, dónde vas, pobre de ti?
2   —Voy en busca de Mercedes, que ayer tarde no la vi.
          —Ya Mercedes está muerta, muerta está, que yo la vi.
4   Cuatro duques la llevaban por las calles de Madrid.

bb. Version recited by Isabel Ramos, 87 years old, of
         Ababuj (Teruel), 22 July 1985 (another version)

          —¿Dónde vas, Alfonso XII, dónde vas, triste de mí?
2   —Voy en busca de Mercedes, que ayer tarde no la vi.
          —Pues, Mercedes ya se ha muerto, muerta está, que yo le vi.
4   Cuatro duques la llevaron por las calles de Madrid.

cc. Version sung by Felisa Loyola, 45+ years old, of Calamocha
         (Teruel), 23 July 1985

          —¿Dónde vas, Alfonso XII, dónde vas, triste de mí?
2   —Voy en busca de Mercedes, que ayer tarde no la vi.
          Sí, Mercedes ya se ha muerto, muerta está, que yo la vi.
4   Cuatro duques la llevaban por las calles de Madrid.
          Los zapatos que llevaba eran de un rico charol,
6   regalados por Alfonso y el día que se casó.

dd. Version sung by Carmen García, 67 years old, of Calamocha (Teruel), 23 July 1985

De los árboles frutales, me gusta el melocotón
2   y de los reyes de España, Alfonsito de Borbón.
    —¿Dónde vas, Alfonso XII, dónde vas, triste de mí?
4   —Voy en busca de Mercedes, que ayer tarde no la vi.
    Sí, Mercedes ya se ha muerto, muerta está, que yo la vi,
6   cuatro duques la llevaban por las calles de Madrid.
    Los zapatos que llevaba eran de un rico charol,
8   regalados por Alfonso, el día que se casó.

ee. Version recited by Carmen Romero, 69 years old, of Lechago (Teruel), 25 July 1985

    —¿Dónde vas, Alfonso XII, dónde vas, triste de ti?
2   —Voy en busca de Mercedes, que algún día la perdí.
    Ya Mercedes ya se ha muerto; ya la llevan a enterrar.
4   Cuatro duques la llevaban por las calles de Alcalá.

ff. Version sung by Jovita, 45 years old, of Uncastillo (Zaragoza), collected by Teresa Catarella, 6 July 1980

    —¿Dónde vas, Alfonso XII, dónde vas, triste de ti?
2   —Voy en busca de Mercedes, que ayer tarde no la vi.
    —Si, Mercedes ya esté muerta, muerta está, que yo la vi.
4   Cuatro duques le llevaban por las calles de Madrid.

gg. Version sung by Aurora García Canudas, 80 years old, of Biescas (Huesca), originally from Zaragoza, collected by Teresa Catarella, 7 July 1980

    —¿Dónde vas, Alfonso XII, dónde vas, triste de ti?
2   —Voy en busca de Mercedes, que ayer tarde no la vi.
    —Sí, Mercedes ya se ha muerto, porque me lo han dicho a mí,
4   Cuatro duques la llevaban por las calles de Madrid.
    Los zapatos que llevaban eran de un rico charol,
6   que se lo regaló Alfonso, el día que se casó.
    El vestido que llevaba . . . .

3 *b* variant: muerta está, que yo la vi.

hh. Version recited by Antonia Mur Villarbuelo, 83 years old of Hoz de Barbastro (Huesca), collected by Teresa Catarella, 10 July 1980

	Merceditas ya se ha muerto, muerta está, que yo la vi.
2	Cuatro duques la llevaban por las calles de Madrid.
	El coche que la llevaba era de color. . . .
4	El manto que la cubría era de color gris.
	Al entrar en el palacio, una sombra negra vi.
6	—Cuanto más me la miraba, más se aproximaba a mí.
	—No te . . . retires, Alfonso, no te retires de mí,
8	que soy tu mujer primera, que se viene a despedir.
	—Si eres mi mujer primera, echa el brazo sobre mí.
10	—El brazo no puedo echarte, que en la tierra lo perdí.
	Yo me vengo para decirte: . . .
12	—Cásate, Alfonso XII, cásate, no seas así.
	Con la mujer que te cases, no la trates como a mí.
14	No la lleves a paseo en ningún ferrocarril;
	métela entre las vidrieras no le pase. . . .

¿Dónde vas, Alfonso XII? (i)—Where are you going, King Alfonso?: Of all of the fruit trees, I like the peach; of all of the kings of Spain, Alfonso XII. —"Where are you going Alfonso XII? Where are you going so sadly?" "I seek Doña Mercedes, whom I lost yesterday." "Mercedes is dead; four dukes buried her yesterday. Her face was like silk; her hands like marble; the veil which covered her was of rich crimson cloth. The shoes she wore were of a rich patent leather, given to her by Alfonso on her wedding day. The cloak which covered her was of fine velvet, with a sign which said that she died with her face to the Heavens. The horses of the palace no longer want to take rides. Because of the death of Doña Mercedes, they are in mourning. The lights of the palace are not lit, because they are in mourning. The flower of May, the flower of April, the one who reigned in the streets of Madrid has died. "Upon climbing the staircase, I saw a black shadow. The more I stepped back, the closer it came." "I am your wife, Mercedes, who has come to say good-bye. Marry, good gentleman, marry and do not remain as you are now. The first daughter you have, name her after me."

17

POBRE ALMUDENA (*i*)

(J2/J3)

a. Version sung to the melody of *¿Dónde vas, Alfonso XII?*, by Jesús Laviña, 63 years old, of Villafranca de Ebro (Zaragoza), 19 July 1987

  —¿Dónde vas, pobre Almudena, dónde vas, triste de ti?
2 —Voy en busca de mi amante, que ayer tarde no lo vi.
  —Nosotros sí que lo vimos, por la calle allí venir,
4 con sus aves, su plumero y su capa carmesí,
  dando el brazo a una duquesa, más bonita que un jasmín.
6 —No lo esperes, Almudena, porque nunca deben ir.
  Que le digo, y tú, una pobre violetera de Madrid.

Pobre Almudena (*i*)—*Poor Almudena*: "Where are you going, poor Almudena?" She is looking for her lover. Poor Almudena, a flower seller in Madrid, is told she will not find him.

18

EL QUINTADO (*é–a*)

(J3/J4)

a. Version recited by Carmen Abad, 57 years old of Berdún (Huesca), and Purificación Boraugodas of Santa María de la Peña (Huesca), in Berdún, 9 July 1987

Mes de mayo, mes de mayo, mes de abril y primavera,
2   cuando los quintos se van, soldados para la guerra.
Unos cantan, otros bailan y otros celebran la fiesta,
4   menos un pobre soldado, que vale muy de tristeza.
A él se acerca el capitán, a preguntar por quién era.
6   Si es por padre, o es por madre, o por temor a la guerra.
—No es por padre, ni es por madre, ni por temor a la guerra.
8   Es por . . .   que la deja sin verla.
—Anda y coge tu caballo y vete corriendo a verla.
10 No vayas por las aldeas, vete por la carretera.

b. Version from the notebook belonging to the nuns of Barbastro (Huesca), 13 July 1987

El veinte y uno de marzo, comienza la primavera,
2   cuando los quintos soldados se marchan para la guerra.
Unos cantan, y otros lloran y otros llevan tanta pena.
4   Y ése que va allí en medio, es el que más pena lleva.
Le pregunta el capitán: —¿Por qué lleva tanta pena?
6   —Si es por madre, o si es por padre, o es por volver a su
                                                tierra?
—No es por madre, ni es por padre, ni es por volver a mi
                                                tierra,
8   sólo por una muchacha, que dejé joven soltera.
—Coge ese caballo y vete y vete para tu tierra.

106

10   En la mitad del camino, encontró una sombra negra.
       —Quítate de allí, sombra negra, que me vienes a tentar
12   y quiero llegar muy pronto para a mi amada abrazar.
       —Yo no te vengo a tentar, sólo te vengo a decir,
14   la muchacha que tú amabas, ya ha acabado de existir.

Version *b* combines *El quintado* with *La aparición (J2/J2)* (vv. 13–14).

c. Version recited by Antonio Ferruz, 81 years old, of Sástago (Zaragoza), 17 July 1987

       Veinte y cinco soldados para la guerra.
2   De los veinte y cinco, va uno de poder y fuerza.
       Todos comen, todos beben, menos un pobre soldado,
4   que ni come ni se alegra . . . .
       Un día su capitán le dice de esta manera:
6   —¿Qué te pasa, que ni comes ni bebes?
       ¿Es que tienes miedo porque estás en el servicio
8   y que vas a la guerra? . . . .
       —No tengo miedo ninguno; sólo tengo una cosa,
10   que el día que me esposarán . . . .
       —Pues, coje tu caballo y marche pues a verla,
12   que por uno soldado menos, ya se acabará la guerra.
       Ya cogió su caballo y prendió el camino.
14   Y en aquel pedazo que andaba, encontraba a un peregrino.
       —¿Adónde vas, triste de ti? La prenda en que está tu amada,
16   La prenda en que está tu amada, ayer tarde yo le vi.
       Cuatro damas la llevaban a la iglesia de San Gil.
18   —Buen soldado que yo soy tu prenda, que te salgo a recibir.
       —Por ser de mí esta prenda, ¿cómo no me ves a mí?
20   Cuatro damas la llevaban, acompañadas de más de mil.
       Los cuatro decían, qué prenda se pierde aquí.
22   —Sea muerte o sea viva, a verla tengo de ir,
       y en aquel pedazo que andaba, vio alguna sombra venir
24   y le dijo el espanto:
       —Por los ojos que yo te miraba, a la muerte se los di.
26   Labios que yo te besaba, de besados yo los cubrí.
       Cuatro palabras me faltan, que te las voy a decir.
28   Que te cases, buen soldado, cásate, que no seas así.
       —Ni me tengo de casar, ni me tengo estar así.
30   Me tengo que poner fraile, pero de San Agustín.
       Y la primera misa que diga, la encomendaré p'a ti.

Version *c* combines *El quintado* with *La aparición*
(vv. 15–30).

d. Version sung by Elvira Galán Rivera, 75 years old, of Zaragoza (Zaragoza), 19 July 1987

    Mes de mayo, mes de mayo,   de mayo y de primavera,
2   cuando los quintos de este año   marchaban para la guerra.
    Unos cantan y otros ríen   y otros van con mucha pena,
4   y el que va en medio de todos   es el que más pena lleva.
    Le pregunta el capitán: —¿Por qué lleva usted esa pena?
6   —No la llevo por mis padres,   ni tampoco por mi hacienda,
    la llevo por una chica,   que por mí muere de pena.
8   Y si no me dan permiso,   a enterrarla ya no llega.

e. Version recited by Julia Roced, 63 years old, of Sieso de Huesca (Huesca), born in Paliñena (Huesca), 20 July 1987

    Flor de mayo, flor de mayo,   flor de la primavera,
2   anda, cóg'ese caballo   y marcha corriendo a guerra.
    —¿Es por padre o madre,   o es por temor a la guerra?
4   —Ni es ni por padre, ni por madre,   ni es por temor al
                         la guerra.
    Es por mi pobre Penosa,   que está llena de tristeza.
6   Al llegar al camposanto,   una sombra negra vi.
    Cuanto más me separaba,   más se acercaba a mí.

Version *e* combines *El quintado* with *La aparación*
(vv. 6–7).

f. Version recited by Ramona Lorente, 74 years old, of Cantavieja, born in Pitarque (Teruel), 20 July 1985

    Mes de mayo, mes de mayo,   mes de abril y primavera,
2   donde van todos los soldados,   derechitos a la guerra.
    Todos cantan y todos bailan   y todos fueron a la fiesta,
4   menos un pobre soldado,   que esta minito de pena.
    Le preguntó el coronel: —¿Dime, por qué tienes pena?

6 ¿Si es por padre o es por madre, o es temor a la guerra?
  —Dice, ni es por padre, ni es por madre, ni es por
              temor a la guerra.
8 Es por mi pobre penosa, que está en mitad de pena,
  que la he dejadito sola, . . . entre cuñadas se sobra.
10 —¿Y cuánto darías por verla? . . .
  —Que daría cuatro doblones; que lleva una capuchera.
12 —Coge ese caballo blanco y viste corriendo a verla.
  No te vayas por el centro; vate por la carretera.
14 Al llegar al cementerio, se marcha en el interior;
       . . . una sombra negra vio.
  El caballo se espantaba y el seguidor de terror.
16 Y una vez que la dijo, dice, —Tu penosa se ha muerto.
      . . . —Y el entierro yo lo vi.
18 Cuatro soldados la llevaban por las calles de Madrid.

Version *f* combines *El quintado* with *La aparición*
(vv. 14–18).

g. Version recited by María, 50+ years old, of Embún
 (Huesca), collected by Teresa Catarella, 10 July 1980

  Mes de mayo, mes de mayo, mes de mayo y primavera,
2 cuando los quintos se van, soldados para la guerra.
  Unos lloran y otros cantan y otros celebran la fiesta,
4 menos un pobre soldado, que está lleno de tristeza.
  Ha salido un capitán, le ha preguntado al soldado:
6 —¿Si es por padre, o es por madre, o es por temor de la
               guerra?
  —No es por padre, ni por madre, ni por temor a la guerra,
8 que dejaba a mi mocita, ni es casada ni soltera.
  —Anda, cógete el caballo y vete corriendo a verla.
10 Ves por caminos ajenos, no vayas por carretera.

h. Version sung by María Broto, 58 years old, of Pozán de
 Vero (Huesca), collected by Teresa Catarella, 10 July 1980

  Mes de mayo, mes de mayo, mes de mayo y primavera,
2 cuando todos los soldados se marcharon a la guerra.
  Unos ríen y otros cantan; otros se mueren de pena,

4	y el que va en medio de todos, es el que más dolor lleva.
	El capitán le pregunta la causa de su tristeza,
6	y de este modo el soldado, a su pregunta contesta:
	—No me aflijo por mis padres; quedaron bien en mi tierra.
8	Me aflije una muchachita, que ayer deje muy enferma.
	—Coge tu caballo y vete, márchate corriendo a verla.
10	Y a la mitad del camino, le salió una sombra negra.
	—Aparta de mi camino, aparta y no me detengas.
12	La sombra negra le dice: —No me busques, que estoy muerta.
	Si tuvieras una hija, llámala Rosa del Carmen;
14	la llama Rosa del Carmen, que así me llaman a mí.

El quintado (é–a)—The new recruit. In the spring, twenty-five soldiers are eating and drinking, except one strong and powerful young man. His captain asks him why he is not happy and not eating and drinking. Is he afraid of war? He responds that he is not afraid, but that he is worried about the girl he is to marry. The captain tells him to go to her. En route he learns she has died. He then sees a spirit which entreats him to marry and not remain so sad. He says he will never marry and will become a monk in the order of Saint Augustine. The first mass he says will be offered to her.

19

¿POR QUÉ NO CANTAIS LA BELLA? (é–a)

(J4/J6)

a. Version recited by a lady, 60+ years old, of Castejón de
Monegros (Huesca), 12 July 1987

   Estaba, la vio   a los hilos de una reja,
2   con aúja de oro en sus manos bordando un. . . .
   Borda las . . . del mar, también las aves que vuelan.
4   También borda con seda e hilo, lo borda con hilo y seda.
   Y si no le faltare, de los cabellos pusiera,
6   que de hilo y sus cabellos fue poco la diferencia.
   Pasó un galán por la calle y le dijo de esta manera:
8   —¿Cómo no cantas, galán? —¿Cómo no cantas, doncella?
   —¿Cómo quieres que yo cante, si mi amor está en la
                                     guerra?
10 Me lo ha cautivado el moro y el rey de Inglaterra.
   Si no me lo envía, luego, le form[o] un plan de guerra,
12 de navíos y fragatas y gente armada por la tierra,
   y yo haré de generala y me pondré la primera.
14 Cogeré mi espada en mano, para defender a mi prenda.
   Con esto, quedarte adiós, hermosura de la tierra.

11*b*: *forma* in the original.

¿Por qué no cantáis la bella? (é–a)—*Why does the maiden not sing?* : A
young maiden is embroidering when a gentleman passes and asks why she
does not sing. She cannot sing, because her true love is at war.

20

¿POR QUÉ NO CANTAIS LA BELLA? (*é–a*)
(*a lo divino*)

(J4/)

a. Version recited by Julia Cruz Sánchez, 70 years old, of Berdún
(Huesca), 9 July 1987

      La Virgen se está peinando debajo de una noguera.
2   Los cabellos son de plata, las cintas de primavera.
      Por aquí pasó José, cantando de esta manera:
4   —¿Cómo no cantas, la rubia, cómo no cantas, la bella?
      —¿Cómo quieres que te cante, estando en tierra ajena?
6   Como yo tenía un niño, más blanco como una azucena,
      lo están crucificando en una cruz de madera.
8   Caminemos, caminemos, caminemos al Calvario.
      —Que lo dejen en piel del Edén, que lo habrán crucificado.
10   Y bajar las tres Marías, las tres Marías llorando.
      Una le coge las pies y otra le coge las manos,
12   y otra recoge la sangre de Jesús arrematado.

b. Version sung by María Gracia, 84 years old of Montañana
(Zaragoza), in Sástago (Zaragoza), 16 July 1987

      La Virgen se está peinando debajo de una lamera.
2   Los cabellos eran de oro, las cintas de primavera.
      Por allí pasó San Juan, diciendo de esta manera:
4   —¿Cómo no cantas, María, cómo no cantas, la bella?
      —¿Cómo quieres que yo cante?
6   Si un hijo que tenía, más rubio que las estrellas,
      que lo están crucificando en una cruz de madera.
8   Caminemos, hijos míos, caminemos al Calvario,
      que por pronto que lleguemos, ya lo habrán crucificado.

10   Ya le clavaban los pies, ya le clavaban las manos,
         ya le daban una lanzada en su divino costado.
12   La sangre que derramaba, se la bebía un cristiano....

c. Version by Carmen García, 67 years old, of Calamocha (Teruel),
23 July 1985

      La Virgen se está peinando debajo de una lamera.
2   Sus peines eran de oro, sus cintas de primavera.
       Por allí pasó José y dijo de esta manera:
4   —¿Cómo no canta, la blanca, cómo no canta, la bella?
       —¿Cómo quieres que yo cante, si estoy en tierras ajenas?
6   El único hijo que yo tenía, más blanco que una azucena,
       lo están crucificando en una cruz de madera.
8   —Caminemos, Virgen pura, caminemos al Calvario.
       Tan pronto como lleguemos, lo habrán crucificado.
10   Ya le clavan las espinas, ya remarchan los clavos,
       ...   su [divino] costado.

d. Version recited by Josefa Lázaro, 73 years old, of Torrijo
de la Cañada (Zaragoza), 30 July 1987

      La Virgen se está peinando debajo de una lamera.
2   Los cabellos eran rubios, las cintas de primavera.
       Por allí pasó José...:
4   —¿Cómo no voy a cantar, la linda?
       ¿Cómo quieres que yo cante? Estoy en tierras ajenas.
6   ...   más blanca como las estrellas.
       Se me ha llevado Dios a gozar la vida eterna.

e. Version recited by Tía Asunción Izquierdo, 85 years old, of
Cantavieja (Teruel), 17 July 1985

      María se está peinando debajo de la alameida.
2   Sus cabellos son de oro, sus cintas de primavera.
       Por allí pasó José, diciendo de esta manera:
4   —¿Por qué no cantas, María?....
       ¿Por qué no cantas, la blanca? ¿Por qué no cantas la bella?
6   —José, no puedo cantar, porque estoy en tierra ajena
       y un hijo que yo tenía, más blanco que la azucena,

8   me lo están crucificando en una cruz de madera.
         Ya la ponen la corona, ya le clavan los tres clavos,
10   ya le han dado su lanzada en su divino costado...
         que en camisa alta nacía en el altar.

f. Version recited by María Alegría, 77 years old, of Cedrilla (Teruel), 21 July 1985

         La Virgen se está peinando debajo de una lamera.
2   Los cabellos son de oro, las cintas de primavera.
         Por aquí pasó José, cantando de esta manera:
4   —¿Cómo no cante, la blanca, cómo no cante la bella?
         —José, no puedo cantar, que me hallo en tierra ajena.
6   Un niño que yo tenía, más blanco que una azucena
         me lo están crucificando, allí en una cruz de madera.
8   Si me lo quería sacar, aun veré de qué manera.
         Llamaremos a San Juan, también a la Magdalena,
10   también a Santa Lucía, que son las tres compañeras.
         Subiremos al Calvario, veremos las escaleras,
12   que están cubiertas de sangre del cuerpo de Jesu Cristo.
         Jesu Cristo era mi padre; la Virgen era mi madre,
14   .   los ángeles mis hermanos....
         Me cogieron de las manos; me llevaron a Belén;
16   de Belén a una fuente, y allí estaba San Vicente,
         con una cruz en la frente....
18   Cruz en mano, cruz en frente, pues, este malo no se entiende,
         ni de día ni de noche, ni a la hora de nuestra muerte.

g. Version recited by Isabel Ramos, 87 years old, of Ababuj (Teruel), 22 July 1985

         La Virgen se está peinando debajo de la lamera.
2   Los cabellos son de oro, las cintas de primavera.
         Pasó por allí San Juan y dice de esta manera:
4   —¿Cómo no cantes, majilla, cómo no cantas, la bella?
         —¿Cómo quieres que yo cante, estoy en tierras ajenas?
6   Si un hijo que yo tenía, más bello que la azucena,
         me lo están crucificando en una cruz de madera.
8   Ya bajan los pajarcitos y a quitarle los clavitos;
         ya bajan los golondrinas, a quitarle las espinas.
10   Uno le envía panales; otro le envía mantillas;

otro le envían aceite, para hacer al niño miga.

h. Fragment recited by Julia Máica, 75 years old, of Lechago (Teruel), 25 July 1985

La Virgen se está peinando debajo de su lamera.
2   Los cabellos eran de oro, las cintas de primavera.
Por allí pasó San Juan, diciendo de esta manera....

i. Version recited by Petra Lázaro, 62 years old, of Lechago (Teruel), 25 July 1985

La Virgen se está peinando debajo de una palmera.
2   Sus peines eran de oro, sus cintas de primavera.
Por allí pasó San José, diciendo de esta manera:
4   —¿Por qué no cantas, la pura, por qué no cantas, la bella?
—¿Cómo quieres que yo cante, si estoy en tierra ajena?
6   Si un hijo que yo tenía, más blanco que una azucena,
se lo está crucificando en una cruz de madera.

¿Por qué no cantáis la bella? (*a lo divino*) (*é–a*)—*Why does the Virgin not sing?*: Through the streets of sorrow walks the Virgin seeking her beloved son. She asks a woman in the street if she has seen him. The woman responds that he was crucified on Mt. Calvary that morning. When asked why she was not singing, she responds: "How could I sing if my son is being crucified on a wooden cross; his hands nailed, his side lanced, and his blood dripping into a holy chalice?

21

LA VIRGEN SE ESTA PEINANDO (*polias.*)

(J4.1/)

a. Version recited by Carmen Murillo, 53 years old, of Perdiguera
(Zaragoza), 19 July 1987

<blockquote>

La Virgen se está peinando, entre cortina y cortina.
2   Sus cabellos son de oro, los pañuelos de blajina.
Pero mira como beben los peces en el río,
4   pero mira como beben, por ver a Dios nacido.
Beben y beben y vuelven a beber,
6   los peces en el río, por ver a Dios nacer.

</blockquote>

b. Version recited by Rosa Arroyo, 60+ years old, of Villarluengo
(Teruel), 17 July 1985

<blockquote>

La Virgen se está peinando, entre cortina y cortina.
2   Sus cabellos eran de oro y las cintas de primavera.
Pero mira como beben los peces en el río,
4   pero mira como beben, por ver a Dios nacer.
Beben y beben y vuelven a beber,
6   los peces en el río, por ver a Dios nacer.
La Virgen lava pañales, entre cortina y cortina,
8   y San José se los tiende en ramero y plata fina.

</blockquote>

c. Version sung by a group of children, in Sos del Rey Católico
(Zaragoza), 28 July 1987

<blockquote>

La Virgen se está peinando, entre cortina y cortina.
2   Los cabellos son de oro y el peine plata fina.
Pero mira como beben los peces en el río,

</blockquote>

4   pero mira como beben, por ver a Dios nacido.
         Beben y beben   y vuelven a beber,
6   los peces en el río, por ver a Dios nacer.
         La Virgen se está lavando con un trocito de jabón.
8   Se la quemaron las manos, manos de mi corazón....

La Virgen se está peinando (i)—The Virgin is combing her hair. This ballad, reduced to a children's song, describes the Virgin combing her golden hair. The fish in the river are drinking because of the news that the Christ child is born.

22

LA VIRGEN ESTA LAVANDO (*é–o + í–a*)

(J4.2)

a. Version recited by Mirella Leñas, 70 years old, of Hijar
(Teruel), 1 August 1987

       La Virgen está lavando y tendiendo en un romero.
2   Los angelitos cantando y el romero floreciendo.
       Mirando al niño divino, se decían entiernecida:
4   —¿Cuándo tienes que sufrir, mi serito de mi vida?

La Virgen está lavando (í–a)—The Virgen is washing: Another ballad fragment which describes the Virgin washing and tending her garden, while the angels sing the Christ child to sleep. The text ends with the question of when He will have to suffer.

23

LA MALA SUEGRA (á–e)
(L4/L3)

a. Version recited by Elvira Galán Rivera, 75 years old, of Zaragoza
(Zaragoza), 19 July 1987

    Ya se pasea Carmona por una sala muy grande.
2   Y entre dolor y dolor, el corazón se levante.
    Ya salió al balcón, para que le diera el aire,
4   y desde allí estaba observando el palacio de sus padres.
    Carmela cogió la ropa y su atito preparó.
6   Ella avisó a las doncellas y al palacio de sus padres.
    La Carmona se marchó y le dijo a la madre de su marido;
8   —Cuando venga el rey a casa, dígale que venga a mi palacio.
    Dígale que allí estoy yo. . . . Llegó el rey.
10   —Madre, la sala esta ventida; mi Carmela, ¿dónde está?
    —Tu Carmela se ha marchado al palacio de sus padres
12   y nos ha maltratado:. . .
    A mí me ha dicho mala bruja y que tú eras hijo de un fraile.
14   Cogió Pedro su caballo, con sus criados delante,
    y más que a un paso perdido partió al palacio de Carmen.
16   Cuando llegó al palacio, mi Carmela, ¿dónde está?
    —Tu Carmela está de parto y muy pronto librará.
18   —Levántate, mi Carmela, sin que otra vez te la mande
    porque si otra vez que lo mando, la cabeza te lo cortaré.
20   Subid criadas, subid a vestirme, a calzarme
    y a que empañices este niño, acabado de nacer.
22   . . .   Está bañadito en sangre.
    Por fin Carmela bajó, con el niño en su regazo.
24   Y entonces le dijo Pedro: ¿Adónde quieres montar?
    ¿Te quieres montar detrás o quieres montar delante?
26   . . .   Y entonces dijo Carmela:
    —Delante no monto, Pedro, porque sería enfrentarte,
28   porque las ancas del caballo, irán regando mi sangre.
    Ya llegaron a un barranco, del caballo lo bajó

30 y le dio dos puñaladas en medio del corazón.
   Al llegar a Monrreal, las campanas clamorean.
32 Y la gente se pregunta quién se ha muerto.
   —La Carmela, que Carmela, la Carmela de Olivares.
34 Y contestó el niño tierno: —Eso no es verdad, señores.
   La Carmela no se ha muerto, la ha matado mi padre.
36 Y cuando yo sea mayor, su muerte quiero vengarme.
   Lo he de llevar a matar, adonde él mató a mi madre.

35*b*: Informant said, *él ha matado mi padre.*

b. Fragment sung by Angel Palo del Río, 63 years old, of Berdejo (Zaragoza), 31 July 1987

   Se paseaba Carmela por una sala muy grande.
2 Entre dolor y dolores, reza Carmela una salve.
   Su suegra la estaba oyendo por la gatera de la llave.

La mala suegra (á–e)—The evil mother-in-law: Carmela (Carmona) is suffering from labor pains. She asks her mother-in-law to tell her husband, the king, when he returns, to go to her parents' palace. When the king returns, the mother-in-law tells him that his wife has gone to her parents' palace and that she has insulted her: "She called me a witch and said you were the son of a friar!" King Pedro goes to his wife's parents' house and learns that she has given birth to a child. He orders her to get up from her childbed and come directly to his palace or he will cut off her head. She orders her maids to dress her and to put swaddling clothes on the newborn son. She asks him how he wants her to ride, in front or behind him. She will not ride in front; the croup of the horse would be covered with her blood. Along the way he stabs her twice in the heart. Upon arriving at Monrreal, the church bells are ringing. People are inquiring who died. "Carmela de Olivares has died." The infant speaks miraculously: "That is not so! My father killed her and when I grow up I want revenge. I will take him to be killed where he killed my mother!"

24

LA CALUMNIA DE LA REINA (á–a)

(L6/)

a. Version recited by Feliz Subelso López, 65 years old, of Ejea
   de los Caballeros (Zaragoza), 31 July 1987

En mi pueblo hay una fuente con cuatro caños de plata:
2   por el uno mana oro, por el otro mana plata,
por el otro perracinas, por el otro esmeraldas.
4   Un día paseando por mi camara de hidalga,
una serpiente que el pelo me arrollaba y dije:
6   —Virgen Santana. . . . o son mis pecados muchos,
O son mis pecados muchos, o la muerte se me acaba.
8   Una voz diciéndome:.. . .
—Son tus pecados muchos, ni la muerte se te acaba.
10   Es trucha que te mando yo, trucha en la mar pescada.

La calumnia de la reina (á–a)—*The calumny of the queen*: In my town there is a fountain with four silver spouts: one producing gold, one producing silver, one producing *parracinas* (?), and one producing emeralds. A serpent appears and the protagonist, a noble woman, cries out in fear. (For a more complete abstract and bibliography of this ballad, see Armistead, *Tánger.*)

25

LA ADULTERA (é–a)

((M5/M12)

a. Version recited by Amalia Murciano, 75 years old, of Valdecuenca (Teruel), 15 July 1985

La rueda de la fortuna   ¿quién te ha traído de esta tierra?
2   Ni pensé haber llegado,   ni tampoco estar en ella.
He visto la mejor dama,   que cría naturaleza.
4   —Hola, hola, Arcelillo,   como pide sin vergüenza.
Dispensa, la mi dama,   en mi tierra sucede eso.
6   Ellos nos dan a nosotros;   nosotros les damos a ellos.
Ellos nos dan el zapato;   nosotros la linda media.
8   El corazón le decía: —Vete a tu casa y no duermas,
que tienes tu mujer sola   hiciéndote mil ofensas.
10   Deja el caballo de trotón;   coge la mula que vuela;
deja los anchos caminos;   coge las angustas sendas.
12   Al entrar en su lugar, [. . .]
se encuentra puertas cerradas,   donde siempre están abiertas.
14   Con el guchillo que llevo,   hago un a'ujero en la puerta.
Por aquí cogen mis pies;   también coge mi cabeza,
16   también cogen mi caballo,   si le estiro de la rienda.
Y le eche paja y cebada,   y le eché paja y cebada.
18   Eché escaleras arriba,   para que se entretuviera.
Me encuentro zapato y medias. . .:
20   —Este zapato no es mío;   esta media es ajena.—
Un cachito más arriba,   una mesa con dos velas:
22   —ñVálgame la Santa Rita   y la Santa Magdalena!
¿Qué habrá pasado en mi casa,   que nos alumbran con cera?
24   Vamos a ver a la cama,   a ver quién descansa en ella.
Está el galán con su dama,   descansando a pierna suelta,
26   como si fuera heredero   de aquella casa y hacienda.
—¿Qué te ha faltado en mi casa?   . . . .
28   Y le pegué tres puñaladas,   para que a menos muriera.

122

—¿Qué te ha faltado en mi casa,   para que me hagas estas
ofensas?

30 Si por dinero lo hicieras,   vendieras la mula negra
y si no había bastante,   vendías toda la hacienda.

32 Ni sé más, ni digo más;   n'a más estoy obligado,
le en que no has de servir más,   a la Virgen del Rosario.

La adúltera (é–a)—The adulteress: The husband has a premonition that
his wife has betrayed him.   He returns home and finds her in bed with a
young man.   He stabs his wife to death.

26

LA ADÚLTERA (ó)

(M5.1/)

a. Version sung by María de la Cabrera, 82 years old, of Valbona
(Teruel), 12 July 1985

    [. . .] con la vigüela en los brazos, ya le canté una canción:
2   —Contigo dormiré, luna, contigo [dormiré, sol].—
    Y la dama le respuso: —Solito me lo hecho dor (?).
4   El mi maridito se ha ido y a la sierra de Aragón.
    Para que jamás no vuelva, le echaré una maldición:
6   Aquilas le sequen los ojos, los cuervuchos el corazón;
    los perros de mi ganado, lo lleven en procesión.
8   Y al decir estas palabras, el soldadito llamó:
    —Abrime la puerta, luna; ábrime la puerta, sol.
10   Que te tengo unos regalitos de los montes de León.
    —¿En dónde dejo mi caballo? —En la cuadra lo dejó.
12   —¿Dónde dejo mi escopeta? —En la rincón la dejó.
    —¿Dónde dejo mi sombrero? —Y en la puerta lo colgó.
14   Y al oír estas palabras, su maridito llamó:
    —Abrime la puerta, luna, y abrime la puerta, sol.
16   Que te traigo regalitos de los montes de León.
    —¿Qué regalitos será de ti, si la dueña puse yo?
18   Y abaja la dueña, descalcita, vistidita de color.
    —¿Has tenido calentura, o has tenido nuevo amor?
20   —Ni he tenido calentura; ni he tenido nuevo amor.
    Que [estuve] enojada con la criada mayor;
22   que me ha perdido las llaves de tu rico corredor.
    —Si las llaves son de plata, de oro te los tengo yo.
24   Al decir estas palabras, el caballo relinchó.
    —¿De quién es ese caballo, que en mi escuadra veo yo?
26   —Tuyo, tuyo, maridito, que mis padres se lo dio,
    para que vayas a regalar a los montes de León.
28   —¡Vivan tus padres cien años! que caballos tengo yo.

Vé, ¿qué es esa escopeta, que en el rincón veo yo?
30 —Tuya, tuya, maridito, que mis padres se la dio,
para que vayas a cazar a los montes de León.
32 —ñ¡Viva tus padres cien años! Que escopeta tengo yo.
¿De quién es ese sombrero, que en la percha veo yo?
34 —Tuyo, tuyo, maridito, que mis padres te lo dio,
para que vayas a regalar a la sierra de Aragón.
36 —ñ¡Vivan tus padres cien años! Que sombrero tengo yo.
Al decir estas palabras, el soldadito torció.
38 —Matarme, cariño mío, que te he hecho una traición.
La cogió de los brazos y a sus padres la llevó:
40 —Tengan ustedes una hija, que me ha hecho una traición.
—Yo no te he dado mi hija, que la iglesia te la dio,
42 con un pañuelo de seda y una saya de bordón.
Ya la coge de los brazos y a los montes la sacó.
44 Le pegó dos puñaladas, que le partió el corazón.
La mamá murió a la una y el soldadito a las dos.

4*b* repetition: y a los distritos de León.
6*a*, 17*b*, 21*a*: conjectural.

b. Fragment recited by Carmen, 45 years old, of Biescas
    (Huesca), collected by Teresa Catarella, 7 July 1980

Mañanita, mañanita, mañanita de San Simón,
2 había una señorita, sentadita en su balcón.
Pasó un caballero ....
4 con la guitarra en la mano y la cantó una canción.
—Dormiré contigo, luna, dormiré contigo, sol.
6 Y la chica le contesta: —Vuelva usted una noche o dos,
que mi marido está lejos por las islas de León.

La adúltera (*ó*)—*The adultress*: A woman's husband has left her to go to the mountains (or islands) of León. She sets a curse on him so that he will never return. The husband returns and knocks at the door. Her lover, already in the house, has placed his horse, gun, and hat in the places where her husband had kept his. When the husband comes in, he sees the belongings of the other man and inquires to whom they belong. She tells him they

they are all his, gifts of her parents. She cannot keep up the lie any longer and tells him to kill her; she has betrayed him. He takes her to her father and tells him of her betrayal. Her father refuses to take her in, saying that it was the church who gave her to him. The husband takes her to the mountains and kills her.

27

LA INFANTICIDA (*é–a*)

(M10/M6)

a. Version recited by a 70+ year-old man, from Adahuesca (Huesca),
15 July 1987

Allá arriba alto Francia,   hay una pequeña aldea,
2   donde habita un caballero,   feriante de paño y seda.
Tiene un hijo de tres años,   que muy parladito era.
4   —¿Quién entra en mi casa, hijo,   cuando yo no estoy en ella?
—Un alférez entra, padre,   con la mi madre se encierra,
6   y a mí me daban dinerito, . . .
pa'que me vaya a jugar   con los niños de la escuela.
8   Y yo, como no soy tonto,   me quedo en la escalera,
cuando no me quiero ir   en una sala negra.
10   Aquel padre de aquel hijo,   ya se le ofreció una feria,
de Madrid a Zaragoza,   de Zaragoza a Sangüesa.
12   Mientras tanto el padre está en feria,   mata al hijo la
                                        barbaría.
—¿Dónde esta mi hijo querido   y mi regalada prenda?
14   Que no ha salido al camino,   ni menos en la escuela.
—¿No sabes, marido mío,   que hemos hecho una promesa?
16   Se lo ha llevado la Virgen,   que ha de ser devota nuestra.
Vamos, marido, a cenar,   cenarás una cabeza.
18   —¿Quién te ha dado, mujer mía,   quién te ha dado la cabeza?
—La vecina me l'ha dado;   se ha muerto una ternera.
20   Y el primer bocado que dio,   oyó una voz alta y tierna:
—Padre, padre, padre mío,   no comas de esta cabeza,
22   salida de sus entrañas,   no es razón contra de eso.
Al oír eso la amaralla,   en una sala se encierra.
24   Bajen diablos y demonios y . . . en ella.
Bajo el Satanás   y se. . . .
26   delante del Señor.

23 *a amaralla*: appears to be some form of the verb *amarrar*, to bind.

La infanticida (é–a)—The infanticide: In the north of France, in a small town there lived a cloth merchant who had a three-year-old son. He asks the boy: "Who goes into this house when I am not here?" The child answers: "The lieutenant enters and tells me I can go and play with the children at school. But I am not stupid, I stay in the stairwell in a dark room when I do not want to go." The father then had to travel from Madrid to Saragossa and Sangüesa. While the father is gone, the mother and her lover kill the boy. When the father returns from his work and asks for his son, he is told by his wife that the child has been given to the Virgin. She then invites him to eat dinner. As he is about to sit down, the meat on the plate speaks miraculously, telling him that he about is to eat of his own flesh and blood.

28

SILVANA (*í–a*)

(P1/P1)

a. Version recited by María Tena, 77 years old, of Cantavieja
(Teruel), 17 July 1985

Silvana se paseaba   por la ladera florida.
2   Su padre la está mirando,   por un mirador que había:
—Silvana, si tú quisieras   ser de tu padre querida,
4   te vestiría de oro,   de plata te casaría;
te compraría un vestido de bronda,   las mangas de perlas finas.

Silvana (í–a)—Silvana: As Silvana is strolling along, her father admires her beauty. He proposes that she become his lover. He will marry her and dress her in rich garments.

29

DELGADINA (*á–a*)

(P2/P2))

a. Version recited by Andresa Torralba, Sabiñáñigo (Huesca), 7
July 1987

Un rey tenía tres hijas, de las tres un partido;
2   sobre todo la mayor, que Delgadina se llamaba.
Un día estando comiendo, su padre en la mesa la miraba.
4   —¿Qué me mire usted, mi padre, qué me mire usted la cara?
Te tengo que mirar la cara, estoy bien enamorada.
6   —No lo quiero el Dios del Cielo, ni la Virgen soberana,
ni yo sea su mujer, cuñada a mis hermanos,
8   y madrastra de mis tíos ....
Estando el buen padre, mandó que la subiera,
10   ... en su más alta de casa
y eso que le dieran sólo carne asada.
12   Pasan días, pasan días, pasan noches y siete semanas,
que se quedó la Delgadina en lo más alto de casa.
14   Y de sus hermanas, que en el palacio bordaban.
—Por Dios, suspira a Cristo ...
por allí estaba en la cruz y la Virgen Soberana,
16   dame un trocito de pan, aunque sea de cebada,
y mojarme una jarra de agua, aunque sea de fregar. [. . .]
18   —Por no hacerle falta, nos dará a puñaladas.
Delgadina se retira muy triste y desconsolada,
20   con el rosario en la mano, que la Virgen la llamaba.
Pasan días, pasan días, pasando siete semanas.
22   Salió la Delgadina de lo más alto de la casa
y vio a sus hermanos, que a la pelota jugaban.
24   Por eso pidió a sus hermanos,...
porque está en la cruz y la Virgen Soberana:
26   —Dame un trocito de pan, aunque sabe a cebada.

130

Dame una jarra de agua,   aunque sabe a fregar.
28   —Quítate, malvada,   ... [...]
Habré hecho lo que mi padre   me mandaba.
30   Ya se volvía a retirar,   muy triste y desconsolada,
con el rosario en la mano,   que la Virgen la llamaba.
32   Pasan días, pasan días,   pasan las siete semanas.
Sale Delgadina   de lo más alto de casa
34   y vio su madre   por el jardín se paseaba.
—Por Dios le pido, mi madre,   ...
36   por Aquel que está en la cruz   y la Virgen Soberana,
deme un trocito de pan,   aunque sea de cebada.
38   Tráigame una jarra de agua,   aunque sabe a fregar.
—Yo te lo daría, hija mía,   pero pide a tu padre,
40   pues lo tiene cerrada   debajo de siete llaves,
y por algo que te falte,   nos dará siete puñaladas.
42   Ya se volvía a retirar,   muy triste y desconsolada,
con el rosario en la mano,   que la Virgen reclamaba.
44   Pasan días, pasan días,   pasaron siete semanas,
y salió Delgadina   de lo más alto de casa
46   y vio a su padre   que por el jardín se paseaba.
—Por Dios le pido, mi padre,   ...
48   por Aquel que está en la cruz   y la Virgen Soberana,
tráigame un trocito de pan,   aunque sea de cebada.
50   Tráigame una jarra de agua,   aunque sabe a fregar.
Ya mandó a sus criados,   ...
52   con sus jarras de plata   y con sus jarras de oro.
Cuando subieron,   la Virgen mortaja había.
54   Había seguido hacia la derecha,   pues a la derecha de su
                                        hermana.
Si se seguía a la izquierda,   pasó por el lado de sus hermanos.

17, 28: Following these verses, the text is unintelligible.

b. Version recited by Clara Aranda, 80 years old, born in
      Yesa (Navarra), in Jaca (Huesca), 7 July 1987

Un rey tenía tres hijas   y las tres como una plata,
2   y la más chiquirisuña,   Delgadina se llamaba.
Y un día estando comiendo,   su padre la remiraba.
4   —Padre, ¿qué me mira usted,   qué me mira usted la cara?
—Que te tengo de mirar,   que hes de ser mi enamorada.

6   —No lo querrá el Dios del Cielo,   ni la Virgen Soberana,
       que yo sea mujer suya,   madrastra de mis hermanas....
8   Pasaron días y días,   pasaron siete semanas.
       Delgadina se asomó   a la ventana más alta.
10   Y de allá veía a sus hermanas,   que en el jardín jugaban.
       —Quítate, hermana mía,   quítate de mi alma.
           . . .   de subirme un poco de agua.
12   —Quítate, hermana malvada,   . . .
       que no quisiste nunca hacer   lo que el padre te mandaba.
14   Y se quitó Delgadina,   triste y desconsolada,
       con el rosario en la mano   a la Virgen le rogaba....

c. Version sung by Sr. Boliviar, 77 years old, in Albalatillo
(Huesca), 11 July 1987

       Un rey tenía tres hijas,   las tres como la plata,
2   y la más pequeña de ellas,   Delgadina se llamaba.
       Un día estando en la mesa,   su papá se la miraba.
4   —¿Qué te miras, papá mío,   qué te miras a la cara?
       —Que me tengo de mirar,   que has de ser mi enamorada.
6   —No lo quiera yo del Cielo,   ni la Virgen Soberana.
       Criaron dos criados,   . . .   subirme un vaso de agua,
8   Súbemela, Delgadina,   o matará todos de casa.
       No me le dé de comer,   si no es pan de cebada.
10   No me le dé de beber,   sino limones amargas.
       Delgadina, Delgadina....
12   Pasaron días y noches,   pasaron siete semanas.
       Le baja un ángel del Cielo,   a una hoja de ventana.
14   Allá vio a sus hermanos,   que a la pelota jugaban.
       —Hermanitos de mi vida,   súbame una jarrita de agua.
16   Si la pelota tuviera puñal,   a la cara te tiraba.
       Ya se va la Delgadina,   triste y desconsolada.
18   [Pasaron días y noches]   pasaron siete semanas.
       Baja otro ángel del Cielo   y a una hoja de ventana....

d. Version from a notebook of the nuns from Barbastro (Huesca),
13 July 1987

       Un rey tenía tres hijas,   tres hijas como la plata,
2   y la más chirriquitita,   Delgadina se llamaba.
       Un día estando comiendo,   dijo el rey que la miraba,

4   —Delgadina estoy, padre mío, porque estoy enamorada.
       Venid, corred, mis criados y a Delgadina encerradla.
6   Si os pidiese de comer, le daréis carne salada.
       Si pidiese de beber, le dais la hiel de retama.
8   Y la encerraron muy pronto en una torre muy alta.
       Delgadina se asomó por una estrecha ventana.
10   Desde allí vio a sus hermanos, jugando el juego de cañas.
       —Hermanos, si sois hermanos, dadme un poquito de agua,
12   que tengo el corazón seco y a Dios entrego mi alma.
       —Quita de allí, perra mora, quítate, perra malvada.
14   Si mi padre, el rey, te viera, la cabeza te cortara.
       Delgadina se quitó, muy triste y desconsolada.
16   Luego se volvió a asomar por una nueva ventana.
       Vio a sus hermanas hilando en ricas ruecas de plata.
18   —Hermanas, si sois hermanas, dadme un poquito de agua,
       que estoy muriendo de sed y a Dios entrego mi alma.
20   —Quítate de allí, perra mora, quítate de allí, perra
                              malvada.
       Si mi padre el rey, te viera, la cabeza te cortara.
22   Delgadina se quitó, muy triste y desconsolada.
       Volvió a asomarse otra vez a aquella alta ventana.
24   Apercibiendo a su madre, que ricas telas bordaba.
       —Madre, si es que sois mi madre, dadme un poquito de agua,
26   que tengo el corazón seco y a Dios entrego mi alma.
       —Venid, corred, mis criadas, dadle a Delgadina agua.
28   Unas en jarro de oro, otras en jarra de plata.
       Cuando llegaron a ella, casi muriendo se estaba.
30   La Magdalena a sus pies, le cosía la mortaja,
       con dedalito de oro y con agujas de plata.
32   Los angelitos de Dios bajaban ya por su alma;
       las campanas de la gloria y por ella repicaban.

e. Version sung by Elvira Galán Rivera, 75 years old, of Zaragoza (Zaragoza), 19 July 1987

       El rey tenía tres hijos, como el carmín y la plata.
2   La más pequeña, Delgadina se llamaba.
       El padre le dijo un día: —Delgadina, eres muy guapa,
4   por de poco, por de mucho, que tú serás mi enamorada.
       —Padre, me quiero morir, antes de ser tu enamorada.
6   El rey, furioso, les dijo a sus criados:
       —Criados, subid, mis criados, que los traje de Granada,

8   coged a mi Delgadina y en un castillo encerradla
           y no se lo deis a beber, sólamente pan y agua.
10   Pasaron días y días, pasaron siete semanas.
           Delgadina se asomó a la ventana algo alta.
12   Y desde allí vio a su hermano, que en juego pelota estaba.
           —Mi hermano, por ser mi hermano, subidme una jarra de agua,
14   que me seco, que me muero, que se me acaba el alma.
           —Ingrata, métete adentro si quieres, que si no te tiro la
                                          pelota,
16   para romperte la cara. . . . .
           Y si no haber hecho Delgadina, lo que el padre te mandaba.
18   Delgadina se quedó, muy triste y desconsolada,
           con el rosario en la mano, rezando a la Virgen santa.
20   Pasaron días y días, pasaron siete semanas
           y Delgadina se asomó a otra ventana más alta.
22   Y desde allí vio a su madre, que en puerta de misa estaba.
           —Que me seco, que me muero, que se me arranca el alma.
24   Madre, por ser mi madre, subidme una jarra de agua.
           —Ay hija, si te la subiría, con toda grande, mi alma,
26   pero yo si te la subo, el padre a las dos la cabeza nos
                                   cortaba.
           Delgadina se quedó muy triste y desconsolada,
28   y con el rosario en la mano, rezando a la Virgen santa.
           Pasaron días y días, pasaron siete semanas.
30   Delgadina se asomó a otra ventana muy alta.
           Y desde allí vio a su padre, que en sillón de oro estaba.
32   —Que me seco que me muero, que se me arranca el alma;
           mi padre, por ser mi padre, ¿por qué no me subís una
                                   jarrita de agua?
34   El rey estaba arrepentido y a Delgadina miraba:
           —Criados, sois mis criados, los que traje de Granada,
36   subidle a mi Delgadina, subidle una jarra de agua.
           Que el primero que se la suba, un premio de oro le dara.
38   Unos subieron por balcones, otros subieron por ventanas,
           pero el primero que subió, Delgadina muerta estaba.
40   La sala resplandecía, como si fuera de plata.
           San José enebró la aguja y la Virgen l'amortajaba
42   y el cuerpo de Delgadina, separadito del alma.
           El cuerpo se fue a la tierra. . .
44   y el alma de Delgadina a la aurora se marchaba.

f. Version sung by Aurora Pardo, 60 years old, of Ainzón (Zaragoza), 20 July 1987

Un rey tenía tres hijas, las tres como la plata,
2   la más pequeña de todas, Delgadina se llamaba.
Un día estando comiendo, su padre le miraba.
4   —¿Qué me miras, padre mío, qué me miras a la cara?
—Que a ti tengo que mirar, que has de ser mi enamorada. . . .
6   Quedándose libres sus hermanos, que paseándose estaban. . . .
—Hermana mía, del alma, subidme una jarra de agua,
8   por el que está en la cruz y la Virgen soberana.
—Yo bien te lo subirá. . . .

g. Version collected and recited by Mariano Solana Vives, 75 years old, of Biel (Zaragoza), 10 de abril de 1989

Un rey tenía tres hijas, tres hijas como la plata.
2   La más chica de las tres, Delgadina se llamaba.
Un día estando comiendo, dijo al rey que la miraba.
4   —Delgada estoy, padre mío, porque estoy enamorada.
—ñCorred, venid, mis criados, a Delgadina encerradla!
6   Si os pidiese de comer, dadle la carne ralada.
Si os pidiese de beber, dadle la hiel de retama.
8   Y la encerraron al punto en una torre muy alta.
Delgadina se asomó a una estrecha ventana.
10   A sus hermanas las vio, bordando ricas toallas:
—Hermanas por compasión, dadme un poquito de agua,
12   que el corazón tengo seco y a Dios entrego mi alma.
—Quítate de ahí, Delgadina, que eres una descastada.
14   Si mi padre el rey te viera, la cabeza te cortaba.
Delgadina se quitó muy triste y desconsolada.
16   Cuando se volvió a asomar a aquella estrecha ventana,
a su madre percibió, hilando capas de lana:
18   —Madre mía, madre mía, dadme un poquito de agua,
que el corazón tengo seco y a Dios entrego mi alma.
20   —ñCorred, venid, mis criados, a Delgadina, dad agua!
Unos con jarras de oro, otros con jarras de plata.
22   Cuando llegaron a ella, la encontraron muy postrada;
la Magdalena a sus pies, cosiéndole la mortaja.
24   Las campanas del infierno, ya por su padre doblaban.
Las campanas de la gloria, ya por ella repicaban.

h. Version sung by Eugenia Ojero, 67 years old, of Aladrén (Zaragoza), 25 July 1987

Un rey tenía tres hijas   y las tres como una plata.
2   La más pequeña de toda;   Delgadina se llamaba.
Un día estando en la misa,   su padre se la miraba.
4   —¿Qué me mira, padre mío,   qué me mira usted a la cara?
—Que te tengo de mirar, hija,   que has de ser de mi
                                        enamorada.
6   —Eso no lo manda Dios,   ni la Reina Soberana,
ser de mi padre mujer,   de mis hermanos madrastra.
8   —Subir ahora a Delgadina,   a lo más alto de casa,
y no le diese a comer,   sino que es pan de cebada,
10   y no le diese a beber,   sino que es la espuma del agua.
Pasan días, tornan días,   se pasan siete semanas.
12   Ya bajó un ángel del Cielo   y ella ha abierto una ventana.
Por allí vio a sus hermanas,   que a la pitones jugaban.
14   —Hermanitas de mi vida,   hermanitas de mi alma,
si me queréis socorrer,   con una jarrita de agua,
16   que el paladar se me seca   y el corazón se me abraza.
—Yo de esto nada te daría,   hermanita de mi alma.
18   Ve a mi padre, el rey moro,   nos la tiene señalada.
En cada fuente un león,   en cada taza una espada.
20   Cada gotita que falte,   la cabeza nos cortaba.
Se quitaba Delgadina,   muy triste desconsolada,
22   con el rosario en la mano   y a la Virgen le rezaba.
Pasan días, tornan días,   se pasan siete semanas.
24   Ya bajó un ángel del Cielo   y el la ha abierto otra
                                        ventana.
Por allá ver a sus hermanos,   que a la pelota jugaban.
26   —Hermanitos de mi vida,   hermanitos de mi alma,
si me queréis socorrer,   con una jarrita de agua,
28   que el corazón se me seca   y el paladar se me abraza.
—No la beberás, traidora,   no la beberás, madrastra,
30   si no haber tú hecho   lo que el padre te mandaba.
En cada fuente un león,   en cada taza una espada.
32   Cada gotita que falte   la cabeza nos cortaba.
Pasan días, tornan días,   se pasan siete semanas,
34   ya baja un ángel del Cielo   y el la ha abierto otra
                                        ventana.
Desde allí vio a su madre,   que con la Virgen hablaba:
36   —Madre mía de mi vida,   madre mía de mi alma,
si me queréis socorrer,   con una jarrita de agua,

38   que el corazón se me seca   y el paladar se me abraza.
      —Yo bien te la regalaría,   hermanita de mi alma,
40   pero el rey moro   nos la tiene señalada.
      En cada fuente un león,   en cada taza una espada.
42   Cada gotita que falte   la cabeza nos cortaban.
      Pasan días, tornan días,   pasan siete semanas,
44   ya bajó un ángel del Cielo   y él la ha abierto una ventana.
      Y desde allí vio a su padre,   que por jardín se paseaba.
46   —Padre mío de mi vida,   padre mío de mi alma,
      si me queréis socorrer,   con una jarrita de agua,
48   que el paladar se me seca   y el corazón se me abraza.
      —Subidla, Delgadina,   subidle una jarra de agua,
50   que el corazón se le seca   y el paladar se le abraza.
      Ya lo que se la subieron,   Delgadina muerta estaba.
52   Tres sillas tengo en el Cielo,   p'a mi madre y mis hermanas,
      y otros están en infierno,   p'a mi padre y mis hermanos.

i. Version recited by Tomas Borao, 50 years old, of Castiliscar
(Zaragoza),   27 July 1987

      Un rey moro tenía tres hijas,   lindas y bellas como una rosa,
2   y la más pequeña,   se llamaba Delgadina.
      Un día estando en la mesa,   su padre se la miraba.
4   —¿Qué me miras, padre mío,   qué he visto ante la cara?
      —Que te tengo que mirar,   de su cara se me enamoraba.
6   —No lo quiera el Dios del Cielo,   ni la Virgen Soberana,
      que yo soy mujer tuya   y de mis hermanos, madrastra.
8   —Criados, que la traje de Granada:
      Mi hija Delgadina   estará en una sala
10   y no le dará de comer   sino de sapos y ranas
      y no le dará de beber   sino aguas saparas.
12   Pasaron días y días,   pasaron siete semanas.
      La hija Delgadina   se asomó a la ventana más alta
14   y vio a su padre,   que pasando por el jardín estaba.
      —Padre mío de mi vida,   padre mío de mi alma,
16   subidme una jarrita de agua,   de los jarritos de oro,
      la más cara que te diga   y una canasta de pan,
18   que recoge de la casa. . . .
      Y su padre contestó:
20   —Ratica y perra rabiosa,   retira de esa ventana,
      por no haber cumplido   lo que tu padre te ribaldaba.
22   Pasaron días y días,   pasaron siete semanas.

La hija Delgadina   subió a una de las ventanas más altas
24   y vio a sus hermanos,   que pasando por sus jardines estaban.
—Hermanitos de mi vida,   hermanitos de mi alma,
26   subidme una jarra de agua,...
de los jarritos de oro,   la más cara que te diga
28   y un canastito de pan blanco,   de lo que hacen en casa.
Y al ver esto su padre contesta:
30   —Criados, si que son mis criados,   los que traje....

j. Version recited by María Tena, 77 years old, of Cantavieja (Teruel), 17 July 1985

Delgadina, Delgadina....
2   Ya se pone en el castillo,   ya le abre una ventana.
Delgadina se asomaba, ...
4   —Padre mío de mi vida,   padre mío de mi alma,
el favor que me ha de hacer,   es darme una jarra de agua.
6   El corazón se me enciende;   la muerte aprisa me llama.
—No la beberás, traidora,   no la beberás, malvada,
8   porque no se querrá hacer   lo que el padre rey mandaba.
Ya se esconde Delgadina,   muy triste y desconsolada.
10   Ya le abren otra ventana;   ya se asoma Delgadina;
ya ve a sus hermanos,   que con pelota de oro jugaban.
12   —Hermanitos de mi vida,   hermanitos de mi alma,
el favor que me ha de hacer,   es darme una jarra de agua,
14   que el corazón se me enciende;   la muerte aprisa me llama.
—No lo beberás, traidora,   no la beberás, malvada,
16   p'a que no has querido hacer   lo que el padre rey mandaba.
Ya se esconde Delgadina,   muy triste y desconsolada,
18   con el rosario en la mano   y a la Virgen le rezaba.
Ya baja un ángel del Cielo,   ya le abre otra ventana.
20   Ya vio a su madre,   con un aguja de oro bordaba.
—Madrecita de mi vida,   madrecita de mi alma,
22   el favor que me ha de hacer,   es darme una jarra de agua.
El corazón se me enciende   y la muerte aprisa me llama.
24   —No te la puedo dar,   porque si el rey lo supiera,
a las dos nos matará.   ....
26   Ya se esconde Delgadina,   muy triste y desconsolada,
y vio a su padre que   por la ciudad se paseaba.
28   —Padrecito de mi vida,   padrecito de mi alma,
el favor que me ha de hacer,   es darme una jarra de agua,
30   que el corazón se me enciende,   la muerte aprisa mi llama.

Y otra vez que usted me mande, . . . mandaba.
32 Ya mandó a los criados a llevarle una jarra de agua.
El que llegara primero, la corona le regalaba;
34 el que llegaba el último, la cabeza le cortaba.

k. Fragment sung by Asunción Valles y Calvo, 60 years old, of
Cantavieja (Teruel), 20 July 1985

El rey tenía tres hijas, las tres como una granada,
2 y un día estando en la misa, a las tres se las miraba.
—¿Qué me miras, padre mío, qué miras a la cara?
4 —Te miro, Delgadina, que serás mi enamorada.

Each verse is repeated.

l. Fragment recited by Presentación, 43 years old, of Sos del Rey
Católico (Zaragoza), collected by Teresa Catarella, 6 July 1980

Un rey tenía tres hijas, más . . .
2 y la más pequeña de ellas, Delgadina se llamaba.
Un día estando comiendo . . . .
4 —¿De qué miras, padre mío? . . . .
. . . a que estoy enamorado,
6 . . . agua de hierbas amargas.

Delgadina (á–a)—Delgadina: A king has three daughters; the youngest is
Delgadina. One day at table, he admires her beauty. He tells her he is in
love with her and wants her to be his wife. When she refuses, he impris-
ons her in a tower and gives her only water and rye bread to eat. When
she looks out of her window, she sees her sisters embroidering in the
courtyard. She entreats them to give her some bread and water, but they
refuse, fearing retaliation of their father. Seven weeks later, Delgadina
sees her brothers playing ball in the courtyard. She asks again and receives the same response. Seven weeks later, she sees her mother, and is
given the same response. Seven more weeks pass, and when she sees her
father sitting in the courtyard, Delgadina is about to die. The father sends
servants to the tower, offering a reward to the first one to reach her, but
none is able to, because she has already died. Her soul ascends to Heaven.

30

EL HERMANO INFAME (*polias.*)

(P3/)

a. Version recited by Isabel Ramos, 87 years old, of Ababuj
(Teruel), 22 July 1985

> En Santa Amalia vivía una joven, guapa y hermosa como
>   un jasmín.
> 2 Ella, solita, se mantenía, cosiendo cosas para Madrid.
> Un día le dice el hermano infame: —Sabrás
>   hermana del corazón,
> 4 que tu hermosura me tiene loco y tu marido quiero ser yo.

El hermano infame (polias.)—*The incestuous brother.* In Santa Amalia there lived a young girl, beautiful as jasmin. She earned a living by sewing things to sell in Madrid. One day her infamous brother told her of his love for her and how he wanted to be her husband.

31

GERINELDO (*i–o*)

(Q1/Q1)

a. Fragment sung by Faustino Avaro, 72 years old, of
Sabiñáñigo (Huesca), born in La Hierve (Huesca),
5 July 1987

       —Gerineldo, Gerineldo, Gerineldito querido,
2   ¿Quién pudiera esta noche   pasar un día contigo?

b. Fragment sung by Andresa Torralba, 71 years old, of
Sabiñáñigo (Huesca), born in La Peña (Huesca), 5 July 1987

       —Gerineldo, Gerineldo, Gerineldito querido,
2   ¿Quién pudiera esta noche   dormir tres horas contigo?
       —Porque soy vuestro criado,   os queréis burlar conmigo.
4   No me burlo, Gerineldo,   que lo digo de verdad.

c. Version recited by Andresa Torralba, of Sabiñáñigo (Huesca),
7 July 1987

       —Gerineldo, Gerineldo, Gerineldito querido,
2   ¿Quién pudiera esta noche   pasar dos horas contigo?
       —Porque soy vuestro criado,   os quería hablar conmigo.
4   —No me burlo, Gerineldo,   que de veras te lo pido.
       Quiero ser una hora,   señora, prometido.
6   A las nueve se cena el rey,   y a las diez se queda dormido.
       Entre las diez y las once,   Gerineldo, entra en el castillo.
8   Ya se cogen de la mano   y al cuarto se han dirigido
       y se acuestan en la cama   como mujer y marido.
10   A la mitad de la noche,   el rey tuvo un insueño:
       —O me roban a la infanta   o me queman el castillo.

12 Ya se coge el rey su espada y al cuarto de la infanta ha ido.
Y allí encuentra Gerineldo, que con la infanta dormido.
14 —Si mato a mi infanta, todo lo tengo perdido;
y si mato a Gerineldo, la querida va temido.
16 Aquí me puse la espada, que me sirve de testigo.
Que le puso la espada, la infanta se la ha asistido.
18 —Levántate, Gerineldo, de los dos somos perdidos,
que la espada de mi padre, entre los dos ha dormido.
20 —¿Por dónde me iría yo, por no ser conocido?
Si iría por los balcones, pronto seré reconocido.
22 Pues me iré por los jardines a ocupar . . . indios.
El rey, por su cuenta estaba, se halla con Gerineldo.
24 —¿Dónde vienes, Gerineldo, tan triste y descolorido?
—Vengo de ver un rosal, que está hecho florecido.
26 —Mientras mires, Gerineldo, ve con la infanta has dormido.
O te cases con la infanta o te pego a cuatro tiros.
28 —Perdón le pido mi rey, que mujer que yo le hago,
jamás. . . .

d. Version recited by Cristina Campo Verde, 70 years old, of Azahara (Huesca), 15 July 1987

Cansaditos de jugar, los dos quedaron dormidos.
2 Y allí ¿qué haría yo con estos dos angelitos?
Pondré la espada en el medio y llegar me sirve de testigo.
4 Con el frío de la espada, la infanta pegó un chillido:
—Despierta, Gineraldo, que los dos somos perdidos,
6 que la espada de mi padre, se nos puso al dormido.
—¿Dónde vienes, Gineraldo, tan triste y descolorido?
8 —Vengo de regalar flores, que el color se han bebido.

e. Version sung by Elvira Galán Rivera, 75 years old, of Zaragoza (Zaragoza), 19 July 1987

—Gerineldo, Gerineldo, Gerinelditopulido,
2 ¡Cuántas damas y doncellas quisieran dormir contigo!
—¿Si lo dices por burlarte, porque soy vuestro criado?
4 —No lo digo por burlarme, que de veras te lo digo.
—Si de veras me lo dices, ¿a qué hora es lo prometido?
6 Del velarlo hacia la una, que papá estará dormido.
Dan las doce, da la una, Gerineldo fue al castillo,
8 con zapatitas de seda, para no ser advertido.

Al llegar a los pasillos y la reina a su encuentro le ha
                              salido,
10   lo ha cogido de la mano y a su habitación lo ha metido.
                              [. . .]
       —O me duermen con infanta, o me roban el castillo.
12   Pues, el rey se levantó, sin querer ser advertido,
       y allí se lo encontraron los dos como mujer y marido.
14   —Si mataría a la infanta, adiós todo mi cariño,
       y si mato a Gerineldo, que lo crié desde niño.
16   Dejaré mi espada en medio, que me sirva de testigo.
       Tres horas ha salido el sol, el sol tres horas salido,
18   y se despertó la infanta:
       —Despiértate, Gerineldo, que los dos somos perdidos,
20   que la espada de mi padre entre los dos ha dormido.
       Gerineldo se levantó y se fue despavorido.
22   Y allá que llego al jardín, el rey encuentró ya salido.
       —¿De dónde vienes, Gerineldo, tan triste y descolorido?
24   —Vengo de oler una rosa, qu'el color se me ha comido.
       —Tú no has olido una rosa, que el color se te has comido.
26   Tú has dormido con mi hija, en el cuarto del castillo.
       No te vayas, Gerineldo, no te vayas, hijo mío.
28   Y os casaremos a los dos en el instante propicio,
       y la corona del rey en tu cabeza vendrá
30   y las alhajas de la reina, . . .
       el día que o casemos, ella también irá.

3b sic.
Following v. 10 the text is incomprehensible.

f. Version sung by Felisa Mena Jordán, 58 years old, of Pueyo
            de Santa Cruz (Huesca), 21 July 1987

       —Gerineldo, Gerineldo, mi camarero pulido,
2   ¿Quién te pudiera pillar tres horas en mi castillo?
       —Como soy criado vuestro, querés burlaros de mí?
4   —No me burlo, Gerineldo, que de veras te lo digo.
       —¿Y a qué hora será, señora, señora, lo prometido?
6   —Entre las doce y la una, mis papás están dormidos.
       Estaban las doce y la una, Gerineldo en el castillo,
8   con zapatillas de seda, para no ser conocido.
       —¿Quién ha entrado en mi palacio, quién ha sido el

                                              atrevido?
10   —Soy Gerineldo, señora,   que vengo a lo prometido.
        Se lo coge de la mano   y en su cuarto lo ha metido.
12   Lo empezaron la lucha,   como mujer y marido.
        Como marido y mujer,   los dos quedaron dormidos.
14   A Gerineldo no lo encuentran,   la portera no ha salido.
        Van al cuarto de la infanta   y los encuentran dormidos.
16   Así me dejo la espada,   que me sirva de testigo.
        —Levántate Gerineldo,   levanta, esposo mío,
18   que la espada de mi padre   entre los dos ha dormido.
        —¿Por dónde me iría yo,   para no ser conocido?
20   —Vete por esos jardines   a coger rosas y lírios.
        En la puerta del jardín,   el rey lo estaba esperando.
22   —¿Dónde vienes, Gerineldo,   tan blanco y descolorido?
        —Vengo de oler un rosal   y el color se me ha comido.
24   —No has tenido una rosal,   que con la infanta has dormido.
        —Máteme usted, buen rey,   que yo he sido el atrevido.
26   —No te mato, Gerineldo,   que te crié desde niño,
        y hasta ahora has sido fiado   y ahora serás yerno mío.
28   —No lo crea Dios del Cielo,   ni la Virgen de la Estrella,
        mujer que ha sido fugada,   no me caso yo con ella.

g. Version recited by Florencia Gayarre Aznar, 83 years
old, of Sofuentes (Zaragoza), collected by Cristina Remón Pérez,
30 July 1987

        —Gerineldo, Gerineldo,   paje del rey más querido,
2   ¿Quién pudiera esta noche   dormir tres horas contigo?
        —Si por ser vuestro criado,   se va usted a burlar de mí?
4   —No me burlo, Gerineldo,   que de veras te lo digo.
        —¿A qué hora podría ser,   señora, lo prometido?
6   —Desde las diez a la una,   mis padres están dormidos.
        Ya dan las diez y la una,   que Gerineldo ha venido.
8   —¿Quién anda por esos pasos,   tan triste y descolorido?
        —Soy, señora, Gerineldo,   que vengo a lo prometido.
10   Se encerraron en el cuarto,   como mujer y marido.
        Tres horas duro la escena   y se quedaron dormidos.
12   A las doce de la noche,   el caballo dio un relincho.
        —O me han matado a la infanta,   o me han robado el castillo.
14   Da una vuelta por el valle   y otra por el gran castillo,
        y al ver que no había nadie,   al cuarto se ha dirigido.
16   —Gerineldo, Gerineldo,   ¿dónde estarás tú metido?

—Pues en la cama no estás y de casa no has salido.
18   —Ay, si mato a Gerineldo, ya me he ganado presidio,
     y si mato a la infanta, el reino tengo perdido.
20   Pondré mi espada por medio, que me sirva de testigo.
     —Gerineldo, Gerineldo, despierta si estás dormido,
22   que la espada de mi padre entre los dos ha dormido.
     —¿Por dónde me iría yo, que no fuera conocido?
24   —Vete por los jardines, que ellos te darán camino.
     —¿Dónde vienes, Gerineldo, tan triste y descolorido?
26   —Vengo de oler una rosa, que el color se me ha comido.
     —Gerineldo, Gerineldo, te daré la despedida,
28   por haber hecho esta noche, lo que has hecho con mi hija.

h. Version sung by Mirella Leñas, 70 years old, Hijar (Teruel), 1 August 1987

     En el palacio del rey, hay una hierba muy mala,
2   que la mujer que la pisa, se va a quedar arañada.
     La pisaba el hijo del rey, por su fortuna a desgracia.
4   Gerineldo, Gerineldo, Gerineldo pulido,
     ¿Quién pudiera esta noche dormir tres horas contigo?
6   —Como soy vuestro criado y os queráis un rato conmigo.
     —No me burlo, Gerineldo, que de veras te lo digo.
8   —A qué hora podré venir, señora, a lo prometido?
     —Ven de las doce, a la una; Gerineldo no ha venido.
10   —¿Quién anda por esos pasos, quién ha sido el atrevido?
     —Soy Gerineldo, señora, que vengo a lo prometido.
12   Se echaron en la cama, como mujer y marido,
     y a las dos de la mañana, se presentó su padre.
14   Puso una espada en el centro...
     Se despierta la princesa; Gerineldo está dormido.
16   —¿Qué podemos hacer, Gerineldo? Los dos estamos perdidos.
     ¿Qué es eso de mi padre?...
18   Márchate, Gerineldo, márchate en el jardín....
     —¿Por qué está tan triste y descolorido?
20   —Vengo yo de oler una flor, que el color se me ha comido...
     ....   rosal salió del escondido.
22   —¿De dónde vienes, Gerineldo, tan triste y descolorido?
     —Vengo de oler una rosa y el color se me ha comido.
24   —No me mientes, Gerineldo, que con la infanta has dormido.
     Ha dormido con la infanta y el color se le ha comido.
26   Hasta ahora has sido criado y ya serás el yerno mío.

—No lo querrá el Dios del Cielo, ni la Virgen de la
Estrella,
28   merece que me case yo con ella mujer que ha sido brindada.

Version *h* begins with three verses from *La mala hierba*.
3*b* is repeated.

i. Version sung by María Tena, 77 years old, de Cantavieja (Teruel),
17 July 1985

—Gerineldo, Gerineldo, Gerineldo querido,
2   ¿Quién no pudiera dormir dos horas contigo?
—Porque soy vuestro criado y os queréis burlar de mí?
4   —No me burlo, Gerineldo, que de veras te lo digo.
A las diez se acuesta el Rey y a las once se ha dormido,
6   y a las doce de la noche, Gerineldo entró en el castillo,
con zapatitos de oro, para no ser conocido...
8   —Despiértate, Gerineldo, que los dos somos perdidos,
que la espada de mi padre entre medio de
los dos ha dormido....
10   —Si mato mi hija querida, pierdo el honor de rey,
y si mato a Gerineldo, por criado lo he tenido.
12   Aquí pienso dejar la espada, que me sirve de testigo.

Verses 8 – 9 should follow 10 – 12.

j. Version sung by Dolores Gamel, Amalia Villón, Elvira Suspedra,
all 60+ years old, of Villarreal (Teruel), 17 July 1985

Querineldo, Querineldo, mi Querineldo pulido,
2   ¿Quién te pudiera tener dos horas en mi destino?
—No se burle usted, señora, que de veras se lo digo.
4   —No me burlo, Querineldo, que de veras se lo digo.
Entre la una y las dos, Querineldo entra en el castillo;
6   y entre las dos y las tres, el rey estaba soñando,
que le robaban su hija; mandó a registrar al castillo.
8   —¿Quién será ese ladrón, que me registra el castillo?
Y al entrar en su habitación, se los descubre dormidos.
10   —Si mato a Querineldo que lo pu....

Si mato a mi hija, tendré el castillo perdido.
12   Le pondré la espada al medio   y ella será de testigo.

Each hemistich is repeated.

k. Version sung by Joaquina Moliner, 81 years old, of Cantavieja (Teruel), 17 July 1985

Gerineldo, Gerineldo,   Gerineldito querido,
2   ¿Quién te pudiera tener   tres horas sin ser sabido?
—Como soy vuestro criado,   todas vos burláis conmigo.
4   —No me burlo, Gerineldo,   que de veras te lo digo.
—Si de veras me lo dices,   a cumplir lo prometido.
6   Desde las doce a la una,   mis padres están dormidos.
Tres vueltas por el palacio,   y otras tres por el portillo,
8   con zapatitas de seda   por no ser conocido.
L'ha agarrado por la mano,   para dentro le ha metido.

l. Version sung by Casilda Yuca, 65+ years old, of Cantavieja (Teruel), 21 July 1985

—Gerinaldo, Gerinaldo,   Gerinaldito pulido,
2   ¿Quién pudiera estar ahora,   como mujer y marido?
—Como soy vuestro criado,   os queríais burlar conmigo.
4   —No, Gerinaldito, no,   que de veras te lo digo.
—¿A qué hora querés que venga,   que viniera otro?
6   —Vente entre las doce y la una,   para no ser conocido.
Entre las doce y la una,   Gerineldo fue al castillo,
8   con sus pantufles de seda,   para no ser conocido.

m. Version sung by Carmen García, 67 years old, of Calamocha (Teruel), 23 July 1985

Gerineldo, Gerineldo,   mi camarero querido,
2   ¿Quién te pida esta noche   tres horas enamora mío.
—Como se burla, señora,   porque soy criado suyo.
4   —No me burlo, Gerineldo,   que de veras te lo digo.
—Pero dígame ésta, señora,   ¿a qué hora y en qué sitio?
6   —De largo fe a la una,   yo estaré en mi retiro.
Al lado de la una,   Gerineldo no ha venido.

Ballads

8   —¿Quién anda por los jardines,   quién anda por los castillos?
        —Soy Gerineldo, señora,   que yo vengo a lo prometido.
10   Ya lo coge de la mano   y a su cuarto lo ha metido.
        Tres horas duró la lucha,   los dos quedaban dormidos.
12   Ya la mañana siguiente,   el rey pide a sus vestidos....

n. Version sung by Martín Hernández, 70 years old, and Juan
        León, 70 years old, of El Poyo (Teruel), 26 July 1985

        —Gerineldo, Gerineldo,   mi camarero pulido,
2   ¿Quién te pida esta noche   en mi cámara conmigo?
        ¿Quién te pida esta noche   tres horas de mi albedrío?
4   —No se burla usted, señora,   porque soy criado suyo.
        —No me burlo, Gerineldo,   que de verdad yo lo digo.
6   —Pues, dígame usted, señora,   ¿a qué hora y en qué sitio?
        —Entre las doce a la una,   mi ray queda dormido.
8   Por silencio que llevaba,   de la dama do' ha vencido.
        Lo ha cogido de la mano   y a su cuarto lo ha metido.
10   Han empezado a luchar,   los dos abrazos ha partido.
        Cansadicos de luchar,   a los dos del lado dormidos.
12   Cansadicos de luchar,   los dos quedan adormidos.
        Se ha despertado la infanta,   de la espada ha visto el filo,
14   y le ha dicho: —Gerineldo,   despierta, cariño mío,
        por la espada de mi padre,   con nosotros ha dormido.
16   —¿Qué vamos a hacer ahora,   que tú serás muy rendido....

7b sic.

o. Version sung by Aurora García Canudas, 80 years old, of
Biescas (Huesca), collected by Teresa Catarella, 7 July 1980

        Gerineldo, Gerineldo,   Gerineldito querido,
2   ¿Cuántas damas y doncellas   andan por tu amor perdido?....
        —No me burlo, Gerineldo,   que de veras te lo digo,
4   entre las doce y la una,   que mi padre se ha dormido....
        —¿Quién anda por esos pasos,   quién es ese atrevido?
6   —Soy Gerineldo, señora,   que vengo a lo prometido.
        Entre caricias y besos,   los dos se quedan dormidos.
8   El padre, que lo sospechaba ....
        —Despiértate, Gerineldo,   que los dos somos perdidos;
10   que la espada de mi padre   entre los dos ha dormido.

—¿Por dónde me iría yo,   para no ser sentidillo?
12   Me iré por los jardines,   cogiendo rosas y lirios.
El padre, que lo sospechaba,   a su encuentro ha salido.
14   —¿Adónde vas, Gerineldo,   tan triste y descolorido?
—Voy en busca de un rosal,   que el color se me ha comido.
16   —No lo niegues, Gerineldo,   que con mi hija has dormido.
—No se lo niego, buen rey,   que ella me ha comprometido.

p. Version sung by María Broto, 58 years old, of Pozán de
Vero (Huesca), collected by Teresa Catarella,   10 July 1980

—Gerineldo, Gerineldo,   si fueras rico en amores,
2   ¿Quién pudiera dormir dos horas contigo?   Como eres
galán querido.
—Porque soy vuestro criado,   os queréis burlar conmigo.
4   —No me burlo, Gerineldo,   que de cierto se lo digo.
—¿A qué hora podré venir,   para no ser conocido?
6   —Y entre las doce y la una,   cuando el rey se haya dormido.
Y entre las doce y la una,   la infanta se da un suspiro.
8   —¿Quién anda por esos cuartos,   quién ha sido el atrevido?
—Soy Gerineldo, señora,   que vengo a lo prometido.
10   Ya se cogen de la mano   y al salón van dirigidos
y entre las dos y las tres,   la infanta se da un suspiro.
12   —Levántate, Gerineldo,   levántate, Gerineldo,
que la espadita del rey   entre los dos se ha dormido.
14   —¿Por dónde me iría yo,   para no ser conocido?
—Vete por esos jardines,   a coger rosas y lírios.
16   Si te encuentras con el rey,   le cuentas lo sucedido.
Ya se encuentran con el rey,   le cuenta lo sucedido.
18   —Pues si mato a mi hija, infanta,   será robarme al castillo
y si mato a Gerineldo,   que ha sido criado mío.
20   —Si antes eras mi criado;   ahora serás hijo mío.

Gerineldo(í–o)—Gerineldo—Gerineldo, the king's page, is sought   by
the princess to come to her room after her father, the king, goes to bed.
Gerineldo follows her orders and while the two are sleeping, the king
comes into his daughter's room and places his sword between them.   The
following day, the king summons Gerineldo and asks why he is sad.   He
tells the youth he must marry the princess or he will have him killed.

32

LA PEDIGÜENA (*polias.*)

(Q3/Q3)

a. Version sung by Araceli Cerecedes, 30 years old, of Borau
(Huesca), 8 July 1987

Un francés se vino a España en busca de una mujer.
2   Se encontró con una niña, que le supo responder.
    —Niña, si quieres venir, por el espacio de un año,
4   te calzaré y vestiré y te regalaré un sayo.
    ñPor lo bien que la quería, porque era la prenda mía!
6   —A las niñas como yo, no se la usa el sayo,
    ni tampoco mil doblones, que es mucho lo que valgo.
8   El vestido que yo lleve, ha de ser de color gris,
    para cuando vaya a misa, se fijen todos en mí.
10   ñPor lo bien que la quería, porque era la prenda mía!
    Desde mi casa a la iglesia, debe plantar una parra,
12   para cuando vaya a misa, me vea usted la cara.
    Desde mi casa a la iglesia, ha de [ser todo] un toldado,
14   para cuando vaya a misa, no me vea usted peinado.
    ñPor lo bien que la quería, porque era la prenda mía!

b. Version sung by Angel Araus, 78 years old, of Tabuenca
(Zaragoza), 22 July 1987

De Francia vino un francés en busca de una mujer.
2   Se encontró con una niña, que le supo responder.
    —Niña, si quieres venirte, para termino de un año,
4   te vestiré y te calzaré y te regalaré un sayo.
    —Caballero, si usted quiere, de mi hermosura gozar
6   todo cuanto yo le pida, me lo tiene usted que dar.
    —Pide, pide, señorita, que es tan grande mi querer,
8   que por mucho que me pidas, todito y más te daré.

150

—Desde mi casa a la iglesia,...
10 para cuando vaya a misa, me tengan respeto todos.
Desde mi casa a la iglesia, ha de ser todo alfombrado,
12 para cuando vaya a misa, no se maltrate el calzado.
Y en la casa que yo viva, ha de ser todo de oro
14 y la fachada de plata, para darme gusto en todo.
Y en la cama que yo duerma, ha de ser de terramín
16 y la sábanas de holanda, para darme gusto a mí.
—Márchate con Dios, salada, que mañana volveré.
18 Es mucho lo que me pides, busca otro quien te lo dé.

c. Version recited by Valentín Augustín, 78 years old, of Zaragoza
(Zaragoza), 26 July 1987

[Un francés se vino a España] en busca de una mujer.
2 Se encontró con una chica, no le supo responder.
—Caballero, ¿usted que quiere de mi hermosura gozar?
4 Todo cuanto le pido, lo tiene usted que dar.
—Lo primero es una casa, que tiene cien mil balcones,
6 con la fachada a la calle . . . .
De la mi casa a la iglesia, ha de poner alfombrado,
8 para cuando vaya a misa, no se me ensucie el calzado.
Y cuatro moros para que, cuando vaya a misa,
10 que me dan respeto todos. . . .
Ha de ser el techo de oro, con las paredes de plata,
12 para darme el gusto en todo y el caballero le dijo último.
—Todo está bueno, señora, que mañana volveré.
14 Lo que pide usted no es nada, busque usted quien se lo dé.

d. Version sung by Antonia Mur Villarbuelo, 83 years old,
of Hoz de Barbastro (Huesca), collected by Teresa Catarella,
10 July 1980

Un francés vino a España en busca de una mujer.
2 Encontró con una alumna, que le quiso responder.
—Niña, si vienes conmigo, por el término de un año,
4 te vistiera, te calzaré, y te regalaré un sayo.
—A las niñas como yo no . . . .
6 porque soy niña decente y reconozco mi daño.
Caballero, si usted quiere de mi hermosura gozar,
8 todo cuanto yo le pida me lo tiene usted que dar.

Y lo primero es una casa, que valgará mil doblones
10 y por la parte de afuera, ciento cincuenta balcones,
y en la cama que yo duerma, ha de ser de carmensí,
12 las sabanitas de holanda, para darme gusto a mí.
—Vaya con Dios, señorita, que mañana volveré.
14 No es mucho lo que usted pide, si encuentra quien se lo dé.

La pedigüeña (polias.)—The greedy girl: A Frenchman comes to Spain looking for a wife. He sees a girl and offers her fine clothing if she will go with him. She says she will go if he gives her all she asks for: gold, silver, silk, so that people in church will take notice. Even the path from her house to the church has to be carpeted so her shoes will not be hurt. The Frenchman concludes that she is asking for too much and leaves.

33

EL SEGADOR (á–a)

(Q4/Q2)

a. Version sung by María Tena, 77 years old, of Cantavieja
(Teruel), 17 July 1985

El conde de Murcia tiene una hija muy salada
2   y a los condes y marqueses y a todos los despreciaba.
N'a más se enamoró de un segador, que por la calle pasaba,
4   con tres cintas en el cuello, dos blancas y una dorada.
—Segador, buen segador, ¿sabe usted segar cebada?
6   —Sí señor, sí señor, y también, engavillarla.
—Tengo trigo para sembrar. —¿Y dónde lo tiene sembrado?
8   ¿Si la tiene en altos montes o la tiene en tierra llana?
—No la tengo en altos montes, ni la tengo en tierra llana.
10   Debajo las siete telas, juntito a la más delgada.
Si usted la quiere segar, cabales por sus jornadas.

b. Fragment recited by Carmen Abad, 57 years old of Berdún
(Huesca), and Purificación Boraugodas, 82 years old, of
Santa María de la Peña (Huesca), in Berdún, 9 July 1987

El rey tenía una hija, más bonita que la plata.
2   Su padre, que ha de ser monja y ella quiere ser casada.
La quieren duques y condes y caballeros de fama....

El segador (á–a)—*The harvestman*: The count of Murcia has a very witty daughter. She rejects the pretensions of noblemen. She falls in love with a harvestman who passes by: "Harvestman, do you know how to harvest rye?" "Yes, indeed, and I also know how to bail it." The girl says that she has some wheat to sow. He asks: "Where is it planted?" She answers: "It's under my skirts. If you want to harvest it, you will have plenty of work to do."

34

LA INFANTA PARIDA (*á–a*)

(R3/R2)

a. Version sung by Felisa Mena Jordán, 58 years old, of Pueyo
de Santa Cruz (Huesca), 21 July 1987

> ... Un día estando en la mesa, su padre se la miraba.
> 2 —¿Qué te miras, padre mío, qué te miras a mi cara?
> —Que me tengo que mirar, que se te suben las faldas.
> 4 —No lo creas, padre mío, la infanta no está chilvada.
> —Si tal cosa yo supiera, los remedios te buscaba.
> 6 Médicos hay en Madrid, cirujanos en Granada.
> Todos dicen a una voz, la infanta está envenenada.

La infanta parida (*á–a*)—*The princess who bore a child*: The king realizes his daughter is pregnant. He sends for doctors, who decide she has been poisoned. In other, more complete versions, she retires to her room, gives birth to her child, and throws it from her window to her lover, who catches it. When the king discovers the truth he has his daughter killed.

35

EL RONDADOR RECHAZADO (é-o)

(S12/)

a. Version recited by Simón Cerrate, 74 years old, of Castejón
   de Monegros (Huesca), born in Zaragoza (Zaragoza),
   12 July 1987

De mañana me levanto y hacia tu puerta me vuelvo,
2   por ver si te veo ir con tus amigas al templo.
    Me han dicho que ya has pasado y los pasos te voy siguiendo.
4   Llego a la puerta de la iglesia, me planto en el presbiterio,
    a tomar agua bendita, santiguarme yo el primero,
6   y a prostrarme de rodillas, delante del Sacramento.
    Digo el Acto de Contrición, como hacerlo así yo debo,
8   y digo, ÛJesús, me pesa↵, por lo mucho que ofendemos.
    No estoy atento en la misa, sólo en mirar me entretengo.
10   De ver que te estás pegando golpecitos en el pecho.
    Al alzar la hostia sagrada, de Dios verdadero cuerpo
12   y el cáliz consagrado, sangre de Dios verdadero.
    Ya se terminaba la misa, me salgo de los primeros,
14   a formar el orden en tu puerta y allí quitarme el sombrero:
    —Buenos días, linda dama. —Buenos días, caballero.
16   Santa Atocha está 'n Madrid, la del Sagrado en Toledo;
    El Pilar en Zaragoza, en Huesca está San Lorenzo;
18   en Jaca está Santa Orosia, en Barbastro la del Pueyo;
    en Pertusa la Victoria, en Peralta el Sacramento;
20   en Sesa está la Jarea, Santo Domingo está en Huerto;
    Santa Cruz en Cabo de Seso, y en San Loreto,
22   Santa Ana está en Castejón, madre de Aquel del Vero,
    esposo de San Joaquín y abuela del mejor nieto.
24   Con estos tres cepilares, seguro tendréis en el Cielo.
    Con esto quedarte a Dios, hermosura de los Cielos.

Verse 2 is repeated.
Verse 21: *slurred and unclear.*

El rondador rechazado (é–o)—The rejected suitor. A young man follows a lady to church. He greets her and mentions all of the saints of the different shrines in Spain. In other versions she rejects his courtship.

36

ESCOGIENDO NOVIA (é)

(S15/Z1)

a. Version sung by María Broto, 58 years old, of Pozán de
   Vero (Huesca), collected by Teresa Catarella, 10 July 1980

    —Piso oro, piso plata, piso calles de rey.
2   —¿Qué desea, caballero, qué desea para usted?
    Que de tres hijas que tengo, me las mantengo muy bien.
4   —Pues, me voy muy enfadada, a los palacios del rey,
    a contarle a mi señora lo que pasa con usted.
6   —Vuelva, vuelva, caballero, el de la tienta morada.
    Y de tres hijas que tengo, coja usted la más salada.
8   —Cojo ésta por bonita, por hermosa y por mujer,
    que me ha parecido guapa, acabada de nacer.

b. Fragment recited by Concha de Gil, 65 years old, of Pozán
   de Vero (Huesca), collected by Teresa Catarella, 10 July 1980

    —Si las tengo o no las tengo, o las dejo de tener,
2   con el pan que Dios me ha dado, me las mantengo muy bien.
    —Vuelva usted, caballero,...
4   que de las tres hijas que tengo, la más linda le daré.

Escogiendo novia (é)—Choosing a bride: A young man asks a king which
of his three daughters he may wed. The king tells him to choose whichev-
er he wants. He chooses the prettiest.

37

LA VIUDITA DEL CONDE LAUREL (*polias.*)

(S16/)

a. Version from the notebook of the nuns of Barbastro (Huesca),
13 July 1987

    Hermosas doncellas, que al prado venís,
2   a coger las flores de mayo y abril:
    —Yo soy la viudita del Conde Laurel,
4   que quiero casarme y no encuentro con quién.
    —Pues siendo tan bella, no encuentras con quién,
6   escoge a tu gusto, que aquí tienes cien.
    —Escojo a esta niña, por ser la más bella,
8   la blanca azucena del bello jardín.
    —Y ahora que encontraste la prenda querida,
10   feliz a tu lado pasarás la vida.
    Contigo si, contigo no, contigo viudita me casaré yo.

b. Version from the notebook of the nuns of Barbastro (Huesca),
13 July 1987

    Doncella del prado, al campo salida,
2   a coger las flores de mayo y abril:
    —Yo soy la niñita del Conde Laurel,
4   que vengo por flores, no hay quien me las dé.
    —Pues siendo tan bella, no hay quien te las dé.
6   Escoge a tu gusto, que aquí tienes cien.
    —Escojo la rosa, por ser olorosa
8   y la mas hermosa que hay en el jardín.
    —Escoge violetas y las margaritas,
10   que por tu modestia, nunca se marchitan.
    —Escojo alelíes, jasmín y azucena,

12 que es símbolo propio de las niñas buenas.
    —Escoge el clavel, blanco y sonrosado,
14 que guardara el alma de quien lo ha sembrado.
    Nardos y azahares perfuman el ramo
16 y dan a las niñas belleza y encanto.
    Corta pensamientos, lirios y amapolas,
18 que todas las flores tienen sus aromas.
    Un ramo hay que hacer de las flores bellas,
20 que encierran ustedes en esta gran rueda.
    Pues, ponga cuidado para hacer el ramo,
22 que siempre hay espinas y punzan las manos.
    Parad y dejadme, que os diga ingeniosas,
24 que sois unas niñas bellas y graciosas.
    Paradas estamos, acércate aquí
26 y elije a tu gusto la que ha de salir.
    —Escojo a fulana, porque es la más bella
28 y pura doncella de este gran jardín.

c. Version recited by a lady of 60+ years old, of Boquiñena (Zaragoza), 22 July 1987

    Yo soy la viudita del Conde Laurel,
2 que quiero casarme, no encuentro con quien.
    —Si quieres casarte y no encuentras con quien,
4 elije a tu gusto, que aquí tienes quien.
    La hija de mi amigo, por ser la más blanca,
6 la blanca azucena del bello jardín.
    Por darme una mano, por darme la otra,
8 por darme un besito y métete de monja.

La viudita del Conde Laurel (*polias.*)—*The widow of Count Laurel*: The widow of Count Laurel picks flowers for herself because she has no one to give them to her. She chooses the prettiest in the garden (roses, daisies, carnations, etc.). She places them in a bouquet, but must be careful of the thorns. The flowers represent various children in a game of courtship. One child, who plays the part of a gentleman who has come courting, is asked to make a choice. He chooses "so and so," because she is the prettiest and purest in the garden.

38

EL REY MARINERO (*polias.*)

(U3/U39)

a. Version sung by María Broto, 58 years old, of Pozán de Vero (Huesca), collected by Teresa Catarella, 10 July 1980

<pre>
      A, a la orilleta del mar,   hay una negra,
 2   que está bordando vestidos, para la reina.
      Y en medio del bordadito,   le falta seda.
 4   Ya viene un marinerito,   vendiendo seda. . . .
      —Yo le compraré una poca,   por ser tan bella.
 6   —¿De qué color la quería,   blanca o encarnada?
      —Yo la quería encarnada,   por ser más linda.
 8   —De tres hermanas que somos,   yo la pequeña:
      una va vestida de oro,   la otra de plata,
10   y yo pobrita de mí,   marinerita.
</pre>

1*b* is repeated.

El rey marinero (*polias.*)—*The mariner king*: By the shore of the sea, a dark-haired maiden sits embroidering dresses for the queen. While she is embroidering, she runs out of silk. Along comes a sailor selling some. She tells him: "I shall buy a little, because it is so pretty." "What color would you like, white or red?" —"I would like the red, because it is prettier." [The sailor abducts her]. "We were three sisters. I was the youngest. One was dressed in gold, the other in silver, and I ended up as the wife of a sailor."

160

39

EL ROBO DEL SACRAMENTO (*á–o*)

(U8/)

a. Version sung by Bienvenida Barués, 75 years old, of Leciñena
(Zaragoza), 19 July 1987

    Las campanas de don Francisco tocan que se hacen a pedazos.
2   Han robado el sacramento, bendito y sea alabado.
    A las afueras del pueblo hay una anciana llorando:
4   —Señores, no me hagáis mal, señores, no me hagáis daño.
    Yo descubrí este robo, el robo y que la ha robado.
6   Le ha robado don Francisco, por el mundo va rodando,
    cartas y requisitorios por Madrid está jugando.
8   Guardias y municipales, todos corren a buscarlo.
    A las afueras de Madrid, en un hotel le han encontrado.
10   Le hace preso de los pies, de los pies y de las manos.
    Le ponen una cadena que tenían a tirarlo.
12   —Vamos, padre cura, vamos, mis delitos a confesarlos.
    He hecho cincuenta muertes, he matado a mi padre
                      y a mi madre.
14   Con una hermanica que tuve, tuvimos dos chavales.
    El uno lo hice a trozos, el otro se lo he echa'o a marrano.
16   El padre que oye eso, se cayó en un desmayo.
    —Siga, padre cura, siga, me falta el mayor pecado:
18   He robado al Sacramento, por siempre sea alabado.
    Me l'escondí 'enel zapato; el zapato lo tené: [. . .]
20   al río la eché; las corrientes ya han secado. [. . .]
    —Vivo le corten los pies, vivo le corten las manos,
22   para que no aprenda a mí ningún ser cristiano. Amén.

13*a* & *b*: informant sings "y" for "he."
14*b*: informant sings "cavales."
17*a*: informant sings "Chica" for "Siga."
20: informant sings "cortí."

El robo del sacramento (á–o)—*The theft of the Holy Sacrament.* The bells of Saint Francis are tolling. An old woman discovers the theft of the Holy Sacrament and says that Don Francisco has taken it. All over Madrid, they search for him. They find him on the outskirts of the city and chain him and pull him along. He confesses all of the murders he committed.

40

SANTA CATALINA (*á–a*)

(U9[U3]/U29[U39])

a. Version recited by Miquela Zaráido Bailó, 84 years old, of
Berués, San Juan de la Peña (Huesca), 9 July 1987

    En Burgos hay una fiesta,   que se celebra mañana,
2   porque ha nacido una niña,   que Catalina se llama.
    Su padre era un perro moro,   su madre una renegada.
4   Todos los días de la fiesta,   el rey mandó una castigada,
    porque no quería hacer   lo que su madre mandaba.
6   Durante un día de fiesta,. . .
    mandan a hacer una rueda   de cuchillos y navajas.
8   Cuando la rueda esta hecha   y todos son arodilladas,
    baja un ángel del Cielo,   que Dios del Cielo lo manda:
10   —Sube, sube, Catalina,   que Dios del Cielo te llama,
    que le subas, ha dado cuenta,   de tu vida pasada.
12   —¿Qué cuentas te podía dar,   si no me acuerda de nada?
    Al decir estas palabras,   se levantó una borrasca.
14   El navío . . . .
    —¿Quién era el marinero,   que te . . . la voz?
16   Te daré nuestros navíos,   cargados todo de oro y de plata,
    y a tus hijas puedo esclavar   . . . .
18   Sólo que cuando te mueras,   a mí me entregues tu alma.
    —El alma la dejó a Dios   y el cuerpo a la tierra humana,
20   y el corazón que me queda   a la Virgen Soberana. Amén.

b. Fragment recited by María San Miguel Solana, 77 years old, of
Agüero (Huesca), 10 July 1987

    El día quince de marzo,   hay una fiesta en Granada,
2   porque ha nacido una niña,   que Catalina se llama.

Su padre era un perro moro. . . .

c. Version from the notebook belonging to the nuns of Barbastro (Huesca), 13 July 1987

En Cádiz hay una niña,   que Catalina se llama.
2   Su padre era un perro moro,   su madre una renegada.
Todos los días de fiesta,   su padre le castigaba,
4   porque no quería hacer   lo que su madre mandaba.
Mandan a hacer una rueda   de cuchillos y navajas,
6   para hacer a Catalina   muchas miles de tajadas.
La rueda ya estaba hecha;   Catalina rodillada.
8   Bajo un angelín del Cielo,   con su corona y su palma:
—Sube sube, Catalina   que el Rey del Cielo te llama.
10   —¿Qué me querrá el Rey del Cielo,   que tan a prisa me
                                                        llama?
Te quiere porque le cuentes   toda tu vida pasada.
12   Al subir las escaleras,   cayó un marinero al agua.
—¿Qué me das, marinerito,   porque te saque del agua?
14   —Te doy todos mis navíos,   cargaditos de oro y plata,
y mi mujer que te sirva   y mis hijas por esclavas.
16   —Yo quiero cuando te mueras,   que a mí me entregues el
                                                        alma.
—El alma es para mi Dios,   que la tiene bien ganada,
18   y el pellejo al Señor cura,   para que se haga una sotana.

d. Version sung by Matilde Miranda Gil, 70 years old, of Ibdés (Zaragoza), born in Litago de Moncayo (Zaragoza), 22 July 1987

En el mes de mayo,   en el mes de mayo,
2   había una niña,   que Catalina se llama. ¡Olé!
Su padre era un perro moro;   su madre la castigaba, así.
4   Le hacíase una rueda   de cuchillas y navajas, así.
La rueda estaba hecha   y al bajar un ángel del Cielo,
6   que era la Reina Inmaculada, así,   que la Reina le hablaba:
—Sube, sube, Catalina,   que Dios del Cielo te llama, así. . . .

e. Version recited by Juan Manuel Gimeno, 66 years old, of Santa Cruz de Grío (Zaragoza), 23 July 1987

En la ciudad de Granada,   apenas sí están los moros,
2   porque nació una niña,   que Catalina se llama.
Su padre era un perro moro,   su madre una renegada;
4   y todas las horas del día,   a Catalina martirizaban.

f. Version sung by Eugenia Ojero, 67 years old, of Aladrén (Zaragoza), 25 July 1987

Un día cinco de marzo,   hay una fiesta en Granada,
2   porque ha nacido una niña,   que Catalina se llama.
Su padre era un perro moro,   su madre una renegada.
4   Todos los días de fiesta,   su padre la castigaba,
porque no querías hacer   lo que su madre mandaba.
6   Y mandó hacer una rueda   de cuchillos y navajas.
Y para pasarle p'a aquí,   está que le salte el alma.
8   Y abaja un ángel del Cielo,   con su corona y su palma:
—Sube, sube, Catalina,   que Dios del Cielo te llama.
10   Y al subirla Catalina,   se presenta una borrasca,
de navíos y vapores   y marineros por el agua.
12   —¿Qué me deis, marineritos,   si yo sacarte del agua?
—Te daré mis dos navíos,   cargados de oro y plata,
14   a mi mujer que te sirva,   y a mi hija por tu esclava.
—Ni quiero a tus dos navíos,   ni tu oro ni tu plata,
16   ni a tu mujer que me sirva,   ni a tu hija por esclava.
Sólo quiero que me entregues,   cuando te mueras, el alma.
18   —Nada más se la deba a Dios,   llego para la tierra santa.

g. Version recited by María Tena, 77 years old, of Cantavieja (Teruel), 17 July 1985

La mañana de San Juan,   al punto que el alba raya,
2   hacen la fiesta los moros,   en la ciudad de Granada,
porque ha nacido una niña,   que Catalina le llamaban.
4   Su padre es un perro moro,   su madre una renegada.
Cada vez que el sol salía,   su padre la castigaba.
6   Le mandó hacer una rueda   de cuchillos y navajas.
La rueda ya estaba hecha;   la salta determinada.
8   Y al punto que va a pasar,   ángeles le saltan al alba:

—Sube, sube, Catalina, que el Rey del Cielo te llama.
10 Al tiempo que va a subir, se levantan una borrasca,
    de navíos y galeras y marineros por el agua.
12 —¿Cuánto me darías, marinero, si yo te sacara del agua?
    —Mil navíos de oro y otros tantos de plata.
14 —No quiero tus navíos, ni tu oro ni tu plata.
    Quítate perro demonio, no me atormentes el alma,
16 que el alma la debo a Dios y el corazón a María,
    y el cuerpo a la tierra humana. Amén.

h. Version recited by Enedina de la Torre, 74 years old, of Lechago (Teruel), 25 July 1985

El cinco de marzo, hay una fiesta en Granada,
2 porque ha nacido una niña, que Catalina se llama.
   Su padre era un perro moro, su madre una renegada.
4 Todos los días de fiesta, a Catalina castigaban.
   Ya bajó un ángel del Cielo con su bandera y su palma:
6 —Sube, sube, Catalina, que el Dios del Cielo te llama.
   —¿Qué querrá el Rey del Cielo, que tanta prisa me llama?
8 Querrá pasarme la cuenta de la semana pasada.
   Al subir para la escalera, un marinero cae al agua:
10 —¿Qué me darás, marinero, y te sacaré del agua?
   —Te daré mis tres navíos, cargaditos de oro y plata;
12 a mi mujer que te sirva y a mis hijas por esclavas.
   —No quiero tus tres navíos, cargaditos de oro y plata;
14 quiero que cuando me muera, me repiques las campanas.

i. Version sung by Aurora Pardo, 45 years old, of Biescas (Huesca), born in Alerre (Huesca), and Aurora García Canudas, 80 years old, collected by Teresa Catarella, 7 July 1980

El día cinco de mayo, hay una fiesta en Granada, ay, sí,
2 porque ha nacido una niña, que Catalina se llama, ay, sí.
   Su padre era un perro moro; su madre la castigaba, ay, sí,
4 porque no quería hacer lo que su padre mandaba. Ay, sí.
   Le mandó hacer una rueda de cuchillos y navajas. Ay, sí.
6 La rueda ya estaba hecha y las ... arrodillada, ay, sí.
   —Sube, sube, marinero, marinerito salado, ay, sí.

Santa Catalina (á–a)—Saint Catherine. Catherine was the daughter of a Moor and her mother was a heretic. On all feast days, her father would punish Catherine for praying. He had a wheel built on which she was placed. He would have knives thrown at her. Having finally killed her, an angel came down from Heaven and took her soul. The *Catalina* story is followed by a different and originally independent narrative: *El marinero al agua (á–a)—The sailor who fell into the sea*. A sailor is shipwrecked at sea. The Devil comes and asks what he will give if he rescues him. The sailor replies that he will give his two ships laden with gold and silver, his wife to serve him, and his daughter to be his slave. The Devil will have none of that. He wants his soul when he dies. The sailor refuses.

41

SANTA IRENE (*á–a*)

(U10/U32)

a. Version recited by a young girl, 16 years old, of Alcalá de la
Selva (Teruel), 15 July 1985

```
     Eran tres hermanas,  vendiendo corbatas,
2    con dedal de oro  y hoja de plata.
     Pasa un caballero,  pidiendo posada:
4    —Si mi padre quiere,  yo de buena gana.
     Lo pone en cama,  en medio de la sala,
6    con sábanas de hilo  y colcha de lana.
     A la media noche,  el caballero se levanta
8    y cogió a Elena  de las tres hermanas.
     La montó al caballo  y se la llevó.
10   Y en medio camino,  la degolló.
     Debajo de una zarza,  allí la enterró.
12   A los nueve meses,  el caballero por allí pasó.
     —Que perdóneme, Elena,  por lo que te hice.
14   Y ella le contesta:  —Perdón de éstas no me pidas....
```

Santa Irene (*á–a*)—*Saint Irene*: Three sisters are embroidering, when a
young man passes by and asks for lodging. He is invited in and, at mid-
night he abducts Elena, one of the sisters. Along the way, he chops off her
head under a blackberry bush and buries her. Nine months later, he passes
by and asks Elena foregiveness. She answers that he is not to ask pardon
for what he has done.

42

VIRGEN CAMINO AL CALVARIO (*á–o*)

(/U16)

a. Version recited by Miquela Zaráido Bailo, 84 years
old, of Berués, San Juan de la Peña (Huesca), 9 July 1987

> En las calles de amargura, iba la Virgen llorando,
> 2 buscando a su hijo querido, buscando a su hijo amado.
> ... la esquina, como una mujer ansiada.
> 4 — Buena y santa mujer. [. . .]
> ¿Ha visto usted a mi hijo querido? ¿Ha visto usted a
> mi hijo amado?
> 6 — Sí, señora, que lo he visto, por aquí mismo ha pasado,
> con una cruz en sus hombros y una cadena arrastrando.
> 8 Un pañito me ha pedido, un pañito se le he dado,
> para limpiarse a su rostro, que de sangre iba manchado.
> 10 Si no lo quiere creer, desenvuelve el paño y mirarlo.
> La Virgen lo desenvuelve; se quedó como en desmayo.
> 12 San Juan y la Magdalena la cogieron de la mano:
> — Alto, alto, mi señora, caminemos al Calvario,
> 14 que por pronto que lleguemos, ya lo habrán crucificado.
> Ya le clavaban los pies, ya le clavaban las manos;
> 16 ya le daban las lanzadas, en su divino costado.
> La sangre que le derramaba cae . . . en caliz sagrado.
> 18 Y el hombre que le bebía, era un buenaventurado.
> En este mundo era rey, en el otro rey coronado.
> 20 Ante Dios, amén.

There is contamination with *El entierro de Fernandarias* (*a lo divino*)
(/A12).

b. Version recited by Augustina Tisnet del Río, 62 years old, of Ainzón (Zaragoza), born in Cuzana (Huesca), 20 July 1987

     Por la calle amargura, iba la Virgen llorando.
2   En la puerta de una esquina, con una mujer se hallara.
     —Oiga usted, santa mujer, ¿ha visto a mi hijo amado?
4   —Sí, señora, le he visto, sí, señora, que le he hallado,
     que por aquí ha pasado, [. . .]
6   con una cruz en los hombros y una cadena rastrando.
     Un pañito me ha pedido; un pañito se le he dado,
8   para limpiar su rostro, que de sangre iba manchado.
     Si usted no lo eche creer y desenvuelve usted este paño.
10   La Virgen lo desenvuelve; se cae con grande desmayo.
     San Juan y la Magdalena la cogieron de la mano:
12   —Alto, alto, mi señora, vamos a Monte Calvario,
     que el más pronto que lleguemos, ya lo habrán crucificado.
14   Ya le clavaban los pies, ya le clavaban las manos;
     ya le lavan sus lanzadas en su divino costado.
16   La sangre que desangraba caía en un caliz sagrado.
     El hombre que la bebía era una buena aventurado.
18   En este lado del rey, el otro rey coronado.
     El que diga esta oración todos los días del año,
20   sacaría un alma de pena y la su vida de pecado.
     El que la oración no aprenda, el que la sepa y no la diga,
22   el día del juicio bravío lo condena delante de Dios. Amén.

c. Version recited by María Ara Blasco, 79 years old, of Ara (Huesca), collected by Teresa Catarella, 8 July 1980

     Por las calles de la amargura, mucha sangre se derrama.
2   La derrama un caballero, que Jesucristo se llama.
     Por las calles de la amargura, iba la Virgen María,
4   buscando a su hijo esposo, buscando a su hijo amado.
     Al revolver una esquina, con una mujer se ha hallado:
6   —Cristiana y buena mujer, ¿ha visto a mi hijo esposo?
     —Sí, por cierto que lo he visto y hace poco que ha
                         pasado.
8   Un panito me ha pedido y un panito se lo he dado,
     para limpiarse su rostro, que lo lleva ensangrentado.
10   . . . se cayó en un desmayo.
     San Juan y la Magdalena la cogieron en los brazos:
12   —Alto, alto, mi señora, vamos a monte Calvario,

donde nosotros le vemos   al Cristo crucificado.
14   Ya le pican las espinas,   ya le clavaban los clavos;
ya le daba la lanzada   por su divino costado.
16   Y la sangre que caía,   caía en carne sagrado
y el pobre que la bebía   era un bienaventurado.
18   Para este mundo ha de ser rey,   para el otro rey coronado.
Quien dijera esta oración   todos los viernes del año,
20   sacará un alma de penas   y la suya de pecado.

Virgen camino al Calvario (á–o)—The Virgin going to Calvary. The Virgin is walking through the streets looking for Jesus. She finally asks a woman, who replies that her son has just passed by. He had asked her for a handkerchief to wipe his face. Saint John and Mary Magdalen take the Virgin in their arms and bring her to Calvary, where she sees her son being crucified. He who says this prayer each Friday of the year will be pardoned for his sins.

43

CAMINA LA MAGDALENA (*á–a*)

(*Morir vos queredes, padre, a lo divino*)

(/U18)

a. Version recited by Isabel Ramos, 87 years old de Ababuj
(Teruel), el 22 July 1985

Camina la Magdalena....
2 ... a Jerusalén camina, a oír misa de alba.
Después de la misa oída, a pie de la cruz sentada,
4 escuchando la pasión, que Jesucristo cantaba.
—Morir queréis, Dios mío, que a mí mucho me pesara,
6 que hicisteis un testamento, que cualquiera en tierra
temblaba:
A los ciegos dijiste que vistan; a los mudos distes
que hablan.
8 Perdona si son los ríos turbios; la mejor manzana. [...]
Y yo con ser mujer, no me dejas mandado nada.
10 —Calla, calla, Magdalena, que no te tengo olvidada nada.
A lo más alto del Cielo, tengo una silla guardada.
12 tengo una silla guardada, desde un....
... desde el otro, mi Madre sagrada.

Camina la Magdalena (*á–a*)—*Mary Magdalen goes to Jerusalem.* Mary
Magdalen, after the death of Christ, walks to Jerusalem and, after mass,
sits at the foot of the cross. She mentions miracles of the blind seeing and
the mute speaking, and her wish to die and be with Christ. He answers
that he has not forgotten her and that a seat in Heaven is being saved for
her and for his mother Mary.

44

LA FUENTE FRÍA (*polias.*)

(/U41)

a. Version recited by Nati Manso, 62 years old, of Berdún
(Huesca), 9 July 1987

    La mañana de San Juan,   tres horas antes del día,
2   llegaba un caballero a una fuente de agua fría.
    La hija del rey que lo oyó   ... de donde estaba....
4   ... cogió su carrito de oro y a la fuente se marchó
    y en la mitad del camino   con la Virgen se encontró.
6   —¿Dónde va la hija del rey tan sóla y tan de mañanas?
    —Voy a la fuente del campo, a buscar la flor del agua,
8   y también de casar con ese mozo....
    Casadita la niña de las más enamoradas
10   y tres hijos ha de tener. Dos llevarán espada
    y el más pequeño de ellos, la misa cantada.

La Fuente Fría (*polias.*)—*The Cold Fountain.* On the morning of the feast of Saint John, June 23, three hours before dawn, a young gentleman arrives at a fountain of cold water. The daughter of the king hears him and she gathers all of her wealth and starts toward the fountain. Along the way, the Virgin Mary finds her and asks her where she is going. She responds that she is going to the fountain to get water and to marry the young man who is there.

45

LA FÉ DEL CIEGO (é)

(/U42)

a. Version recited by Julia Mosteor, 62 years old, of
Sabiñáñigo (Huesca), born in Calatorao (Zaragoza),
7 July 1987

    Camina la Virgen pura, camina para Belén.
2   Y allá en la mitad del camino, el niño se tenía sed.
    Allá en aquel alto, había un viejo narangel.
4   Había un ciego y le pidió una   naranja para mi niño que tiene
                                                 sed.
    Y al poco de beberlo, el niño ya no tenía sed;
6   a poco de beberlo, el ciego comenzó a ver:
    —¿Quién ha sido esa señora, que a mí me ha hecho tanto bien?
8   —Ha sido la Virgen pura, que camina a Belén.

b. Version recited by Miquela Zaráido Bailó, 84 years
old, of Berués, San Juan de la Peña (Huesca), 9 July 1987

    Caminito, caminito, caminito hacia Belén:
2   Como el camino era largo, el niño pidió a beber.
    —No pidas agua, mi niño, no pidas agua, mi bien,
4   que los ríos bajan turbios y no se puede beber.
    Allá arriba en aquel alto, hay un rico narangel
6   y el hombre que la cuida es un ciego que no ve.
    —Deme una naranja, ciego, para este niño entretener.
8   —Tome una, tome todas, las que haya de menester.
    Cuanto más toma la Virgen, más se llena el naranger.
10 Al dar la vuelta a una esquina, el ciego comienza a ver:
    —¿Quién ha sido esta señora, que me ha hecho tanto bien?

174

12   —La madre de Jesu Cristo, que va de Egipto a Belén,
a ver a su prima hermana, a ver a su prima Santa Isabel.

c. Version recited by Pura Sánchez, 60+ years old, of Embún (Huesca), 9 July 1987

Camina la Virgen pura, camina para Belén,
2   con un niño entre los brazos, que es digno de ver.
Allá arriba en aquel alto, hay un dulce narangel,
4   cargadito de naranjas, que más no puede tener.
—Dame, joven, una naranja, para el niño entretener.
6   —Cójalas usted, señora, las que haga menester.
Cogieron no más de una, salieron de cien en cien.
8   Y al bajar del naranjero, el ciego comenzó a ver:
—¿Quién ha sido esa señora, que me hizo tanto bien?
10   —Era la Virgen María que camina hacia Belén.

d. Version recited by Julia Cruz Sánchez, 70 years old, of Berdún (Huesca), 9 July 1987

Camina la Virgen pura, de Egipto para Belén.
2   En la mitad del camino, el niño tenía sed.
—No pidas agua, mi niño, no pidas agua, mi bien,
4   que los ríos bajan turbios y los arroyos también.
Allá arriba a la derecha y veo un lindo narangel,
6   narangel que guarda un ciego, ciego que a la luz no ve.
—Ciego, dame una naranja, para el niño entretener.
8   —Cojas, señora mía, las que haya menester.
El niño, como era niño, todas quería coger.
10   La Virgen, como era Virgen, sólo se cogía tres.
Apenas se fue la Virgen, el ciego comienzó a ver:
12   —¿Quién ha sido esa señora, que me ha hecho tanto bien?
—Ha sido la Virgen pura, que va de Egipto a Belén.

e. Version recited by Julia María Ortiz, 50+ years old, of Sariñena (Huesca), 10 July 1987

Camina la Virgen pura, de Egipto para Belén.
2   Desde el medio del camino, que da el niño de beber.
—¿Qué te daré, mi niño, qué te daré, mi ser,

4　　si las aguas corren turbias　y no se pueden beber?
　　　Allá arriba en aquel alto,　hay un viejo narangel.
6　　Un ciego lo está cuidando　¿qué diera el ciego por ver?
　　　—Ciego mío, ciego mío,　¿si una naranja me diera,
8　　para dar a este niño　un poco entretener?
　　　—O señora, sí señora,　coge las que quisiera.
10　La Virgen, como era Virgen,　no cogía más que tres.
　　　El niño, como era niño,　todas las quería coger.
12　Apenas se va la Virgen,　el ciego comienza a ver:
　　　—¿Quién ha sido esa señora,　que me ha hecho tanto manecer?
14　—Ha sido la Virgen pura,　que va de Egipto para Belén.

f. Versión from a religious pamphlet in Albalatillo(Huesca), 11 July 1987

　　　Huyendo del fiero Herodes,　que al niño quiere perder,
2　　hacia Egipto se encaminan　María, su hijo y José.
　　　En medio del camino,　pidió el niño de beber.
4　　—No pidas agua, mi niño,　no pidas agua, mi bien,
　　　que los ríos vienen turbios　y no se puede beber.
6　　Andemos más adelante,　porque hay un verde naranjuez,
　　　y es un ciego que lo guarda,　es un ciego que no ve.
8　　—Ciego, dame una naranja,　para callar a Manuel.
　　　—Coja las que quiera usted,　toditas son de usted.
10　La Virgen como es tan buena,　no se cogió más que tres.
　　　Una se la dio a su niño,　otra se la dio a José,
12　y otra se quedó en su mano,　para la Virgen oler.
　　　Saliendo por el vallado,　el ciego empezó a ver:
14　—¿Quién ha sido esa señora,　que me ha hecho tanto bien?
　　　—Será la Virgen María,　que lo hace que el ciego ver.

g. Version recited by Juan Núñez, 48 years old, of Estiche (Huesca), 11 July 1987

　　　La Virgen María　y su esposo San Juan
2　　entre noche y de noche,　noche y ley,
　　　en la mitad del camino,　el niño tenía sed.
4　　Allá arriba en aquel alto,　hay un ciego narangeros.
　　　La Virgen se acercó . . . .
6　　—Ciego, dame una naranja,　para el niño entretener.
　　　—Coja las que usted quiera,　las que tiene usted menester.

8   La Virgen, como era Virgen, no cogió más que tres.
El niño, como era niño, todas las quería coger.
10   Una le dio al niño, otra le dio a San José,
y otra se metió en el bolsillo, para el niño entretener.
12   Y el ciego, como era ciego, en seguida empezó a ver:
—¿Quién ha sido esa señora, que me ha hecho tanto bien?
14   —Era la Virgen María, que va de Egipto para Belén.

h. Version recited by Julia Roced, 63 years old, of Sieso de
Huesca (Huesca), born in Paliñena (Huesca), 20 July 1987

Camina la Virgen pura, de Egipto para Belén,
2   y en la mitad del camino, el niño tenía sed.
Allá arriba en aquel alto, hay un viejo narangel
4   y un ciego le está guardando; ¿qué diera el ciego por ver?
—Ciego mío, ciego mío, ¿si una naranja me diera,
8   para la sed de este niño, un poquito entretener?
—Sí, señora, coge usted las que quisiera.
10 El niño, como era niño, todas las quiere coger.
La Virgen, como era Virgen, no cogía más de tres.
12 Apenas se va la Virgen y el ciego ya empieza a ver:
—¿Quién ha sido esa señora, quién me ha hecho tal merced?
14 Ha sido la Virgen pura, que va de Egipto a Belén.

i. Version recited by Feli Navarro, 54 years old, of
Sofuentes (Zaragoza), collected by Cristina Remón Pérez,
30 July 1987

Camina la Virgen pura, de Egipto para Belén,
2   en la borriquita mansa, que le compró San José.
Lleva al niño entre sus brazos; el santo camina a pie.
4   En el medio del camino, el niño tenía sed.
—No pidas agua, mi vida, no pidas agua, mi bien,
6   que los ríos vienen turbios y no se puede beber.
Más arriba en aquel alto, hay un rico naranjel.
8   El hombre que lo guardaba es un viejo que no ve.
—Por Dios te pido, buen viejo, así Dios te deje ver,
10 que me des una naranja, que mi niño tiene sed.
—Entre usted, señora, y coja las que hubiere menester.
12 La Virgen, como prudente, le cogió tan sólo tres.
El niño, como era niño, no cesaba de coger.

14   Camina Virgen pura   y el ciego comienza a ver:
        —¿Quién ha sido esa señora,   que me hizo tanto bien?

j. Version recited by Angeles de García, 75 years old, of Alcalá de la Selva (Teruel), 15 July 1985

         Camina la Virgen pura,   caminaba para Belén.
2   En la mitad del camino,   el niño tenía sed.
         Por allá en aquel alto,   había un viejo narangel. . .
4   que las aguas bajan turbias   y no se las pueden beber.
         . . . pobre ciego que lo guarda,   pobre ciego que no puede ver.
6   —Ciego, deme una naranja,   para mi niño entretener.
         Cuanto más cogía el niño,   cogía las que tuviera menester.
8   Cuánto más cogía la Virgen,   más allá en el naranger.
         Y a la salida del huerto,   el ciego principió a ver:
10   —¿Quién ha sido esa Virgen,   que me había hecho tan bien?
         Ha sido la Virgen pura,   que iba de Egipto para Belén.

k. Version recited by Esperanza Lozano, 16 years old, of Royuelos (Teruel), 16 July 1985

         Camina la Virgen pura,   de Egipto para Belén.
2   En la mitad del camino,   el niño tenía sed.
         Allá arriba en aquel alto,   hay un viejo narangel.
4   Un ciego lo está guardando;   ¡qué daría el ciego por ver!
         —Ciego mío, ciego mío,   si una naranja me dier,
6   para la sed de este niño,   un poquito entretener.
         —Ay señora, sí señora,   tome todas las que quisier.
8   El niño, como era niño,   todas las quiere coger.
         La Virgen, como era Virgen,   no cogía más de tres.
10   Al salir del naranger,   el ciego comienza a ver:
         —¿Quién ha sido esta señora,   que me hizo tal merced?
12   Era la Virgen pura,   que va de Egipto para Belén.

l. Version sung by Josefina Las, 40 years old, of Formiche Alto (Teruel), 14 July 1985

         La Virgen va caminando,   caminito de Jerez.
2   En la mitad del camino,   que dé el niño de beber.
         —No pidas agua, mi vida,   no pidas agua, mi bien,

4 que los ríos bajan turbios y no se puede beber.
  Más arriba hay un huerto y en el huerto un huerto....
6 ... —Deme usted una, para el niño entretener.
  —Entre usted, señora, y coja las que sean menester.
8 La Virgen, como era Virgen, no cogía más que tres.
  El niño, como era niño, todas las quiso coger.
10 Cuando la Virgen se marcha, el ciego empezó a ver:
  —No sé quién será esa señora, que yo he empezado a ver.
12 —Eso es la Virgen María y su esposo San José.

Each *a* hemistich is repeated.

m. Version sung by Matilde Guillén, 83 years old, of Formiche
  Alto (Teruel), born in Castella (Teruel), 14 July 1985

  Camina la Virgen pura, del Egipto para Belén.
2 En la mitad del camino, el niño tenía sed.
  Y se encontró con un ciego, que estaba en un narangel.
4 —Dame usted una naranja, para el niño detener.
  —Coja todas, señora, coja todas si haya menester.
6 Y al salir del huerto, el ciego principió a ver:
  —¿Quién es aquella señora, que me ha hecho tanto bien? [. . .]

n. Version recited by Enedina de la Torre, 74 years old, of Lechago
  (Teruel), 25 July 1985

  Camina la Virgen pura, de Egipto para Belén.
2 En la mitad del camino, el niño tenía sed.
  —Detente, niño, detente, detente, niño, la sed,
4 que las aguas bajan turbias y no se pueden beber.
  Allá arriba en aquel alto, hay un ciego que no ve.
6 —Ciego, dame una naranja, para este niño entretener.
  La Virgen le coge una, San José le ha cogido tres,
8 y el niño, con las que quedaron, ya le ha pasado la sed.
  Ya lo que con la Virgen se iba, el ciego principió a ver:
10 —¿Quién es esa señora, quién es aquella mujer,
  quién es aquella divina, que me ha hecho tanto bien?

La fé del ciego (é)—The blind man's faith: The Virgin is walking from Egypt to Bethlehem when the Christ child becomes thirsty. She tells him he cannot have water because the rivers are tainted. She sees an orange grove on a hill and goes to the blind man who tends it. She asks for an orange for her child and the man invites her to take all she wants. She takes one and the child takes three. As they leave, the blind man regains his sight. Upon asking who these people are, he learns that it is the Virgin and the Christ child.

46

SAN JOSÉ Y LA VIRGEN CAMINAN A LAS MONTAÑAS (é–o)

(/U52)

a. Version recited by Isabel Ramos, 87 years old, of Ababuj
(Teruel), 22 July 1985

> Camina la Virgen pura,   por el rigor del invierno,
> con la barriga en la boca,   preñada del padre eterno.
> San José lleva a su lado,   que le sirve de escudero:
> —Señora, si vais cansada,   pronto llegamos al pueblo.
> Por un pronto que han llegado,   no estaba allí el mesonero,
> pero estaba la hija,   como si estuviera el mesmo.
> —Señora, darte una cosa,   para la Reina del Cielo.
> —Para tan grande señora,   en mi casa no hay aposento.
> Allá arriba hay un portal,   guardado del aire del desierto.
> Ya canta el gallo pinto,   ya canta el gallo negro;
> ya canta el pastorcito,   que ha nacido el Rey del Cielo.
> No nació en cama de rosa,   ni tampoco de romero,
> que nació en un pesebrito,   entre la paja y el heno.
> La mula le tira la coz,   la vaca le echa el aliento.
> O maldita seas . . .   en ti no tengas provecho.
> Por todos los caminos que andes,   la boca llena de hierro.
> O bendita seas, vaca,   aquí tengas buen provecho,
> para te superar   necesitas un buen ternero.
> En el año que no lo críes,   te echas a la tierra barbestro.

(line numbers: 2, 4, 6, 8, 10, 12, 14, 16, 18)

San José y la Virgen caminan a las montañas (é–o)—Saint Joseph and the Virgen walk to the mountains: The pregnant Virgin and Saint Joseph are traveling when she becomes too tired to continue. They find a barn to stay in, where Jesus is born. The animals are nearby and give warmth from the winter cold.

47

JESUCRISTO SE HA PERDIDO (*polias.*)

(/U69)

a. Version recited by Isabel Ramos, 87 years old, of Ababuj
(Teruel), 22 July 1985

    Camina la Virgen pura, un viernes por la mañana.
2   En la calle la amargura, una mujer encontrará.
    —Señora, ¿ha visto un niño, un hijo de mis entrañas?
4   —Por aquí pasó, señora, a tres horas antes del alba,
    con una cruz en sus hombros, de madera muy pesada,
6   una corona de espinas, al cerebro le pasaba.
    Al oír esto, María, se ha caído desmayada.
8   Y San Juan, como era su primo, ha llegado a levantarla:
    —Levántate, prima mía, prima mía de mi alma,
10   que allá arriba en el Calvario [. . .]
    Es el hijo de María, que buscándole andaba.
12   —¿Como te ha ido, hijo mío, hijo mío de mi alma?
    —Madre mía, me ha ido bien, madre de las mis entrañas,
14   sólo cinco llagas tengo; la menor me llega al alma.
    Si a todos pecadores, que ella queda bien pagada,
16   el que esta oración dijiere, todos los viernes del año [. . .]

Jesucristo se ha perdido (polias.)—Jesus is lost. The Virgin is looking for
Jesus, believing he is lost. She is told that he was seen before cock-crow,
carrying a cross and with a crown of thorns on his head. He was accompanied by Jews. She walks to Calvary and sees him being crucified. The
blood spilled from his body would sanctify the man who drank it.

48

EL ZAPATO DE JESUCRISTO (*polias.*)

(/U69.1)

a. Version recited by María Luisa García, 57 years old, of Ibdés
(Zaragoza), 22 July 1987

En las calles de Madrid, andaba un pobre pidiendo,
2   tuliego de pies y manos [. . .]
     Allí llegóse un ermitica: —¿Dónde estás, mi Dios del Cielo?
4   Que yo no encuentro limosna, ni por Dios ni por dinero.
     Descalzóse este zapato, el cual era del pie derecho
6   y se lo ha dado al pobre y le echó a perder con ello.
     En el medio de la plaza, se le conoce un platero.
8   —Ven, acá, pícaro infame, tú tienes atrevimiento.
     Este zapato de Cristo, tú lo has sacado del templo.
10   Alguaciles y escribanos se acudieron más de ciento.
     Lo llevan a una calle abajo y el pobre va adelantero.
12   Padres e hermanos llorando, como si lo hubieran muerto.
     —No lloréis, padres e hermanos, ni de mi voz bendisuero,
14   porque quizás este zapato bien me puede dar el Cielo.
     Y al llegaron a la ermita. . . .
16   —Jesus mío, Jesucristo, Dios y hombre verdadero,
     ¿Me disteis tú este zapato o yo lo saqué del templo?
18   Cristo humilló su cabeza, las campanas retiñeron:
     —Volvedle el zapato al pobre y pesásele en dinero.
20   Pesó treinta mil ducados y eso al pobre se lo dieron.
     Luego sacaron al pobre y el pícaro quedó presó.

13*b. sic*, possibly *bendicera.*

El zapato de Jesucristo (polias.)—*Christ's shoe*: A poor man walks the streets of Madrid and arrives at a hermitage to complain that he receives no alms. He is carrying a right shoe, which a silversmith recognizes as belonging to an image of Christ. The people take him to the hermitage and ask the image if He gave the shoe to the poor man. The bells of the church begin to ring by themselves. The shoe is returned to the man and he is given alms.

49

EL MILAGRO DEL TRIGO (*polias.*)

(U71)

a. Version sung by Angeles de García, 75 years old, of Alcalá de la
Selva (Teruel), 15 July 1985

Cuando el ángel de San Gabriel   vino a darnos la embajada,
2   que María electa es   y al punto que ido turbada:
    —¿Qué es esto que mi hijo?   ¿Qué es esto que en tanto?
4   —Mi esposa está encinta   y yo no me engaño.
    José le dijo a María: —Ropa hemos de llevar,
6   porque somos forasteros   y todos nos mirarán.
    María le dice: —No tengas cuidado,   pues vendrá costante.
8   Dios a nuestro lado. . . .
    Emprendieron el camino   y llegaron a Belén
10   y en un portal sin abrigo   nació Jesús, nuestro bien.
    Allí le adoraron aquellos pastores, los tres reyes magos
12   le ofrecieron dones, y huyendo del rey Herodes,
    a un labrador encontraron. María le preguntó la hora de
                              aquí. . . .
14   El labrador dice: —Sembrando estoy piedras.
    —Pues allí piedras siembra,   piedras se le vuelvan.
16   Fue tanta la multitud,   que Dios le envió de piedras,
    que se le puso el bancal   como si fuera una sierra.
18   Y este fue el castigo   que Dios le envió.
    Estando sembrando este labrador,. . .
20   Y un poco más adelante,   otro labrador vieron.
    María le preguntó: —Labrador, ¿qué está hiciendo?
22   El labrador dice: —Señora,   sembrando este poco trigo para el
                              otro año.
    — Vuelva mañana a segarlo,   sin ninguna detención,
24   porque usted va verlo hecho   y el Divino Redentor.

185

Y si por nosotros vienen preguntando,
26 dirás que nos visteis estando sembrando.
Buscan por los segadores, para el otro día mañana.
28 Para ir a segar el trigo que era seco se pasaba
y estando segando el trigo, cuatro hombres de a caballo,
30 por una mujer y un niño y un viejo van preguntando.
Y el labrador dice: —Yo sí que los vi,
32 estando sembrando, pasar por aquí.
Se miran de unos a otros y mil reniegos echaban,
34 de ver que no habían logrado y el intento que llevaban....
Y el intento era de cogerlos presos y de presentarlos,
36 que eran de soberbia....
Sagrada Virgen María, por vuestra huída a Egipto a
38 alcanzarnos, Madre mía, de vuestro querido hijo.
Su amor y su gloria, también la victoria
40 de vernos un día juntos en la gloria. Amén.

El milagro del trigo (polias.)—*The miracle of the wheat.* Escaping from Herod's decree, the Virgin and Saint Joseph encounter a laborer. Mary asks him the time. He replies that he is planting stones. The Virgin answers that whatever he sows will indeed turn into stone. Further along, they find another laborer, who, when asked by Mary what he is doing, answers that he is planting wheat for the following year. She tells him to return the following day with workers to harvest it. When the following day came, it was as she said. When four [of Herod's] horsemen ride by and ask if he has seen a man, woman, and child passing by, the laborer informs them that he was planting wheat when he saw them pass. The horsemen are frustrated in their search.

50

SAN LAZARO (*polias.*)

(U72/E9)

a. Version recited by María Tena, 77 years old, of Cantavieja
(Teruel), 17 July 1985

San Lázaro se hizo pobre, para un rico hombre servir.
2   Y a la puerta de un rico hombre, limosna llegó a pedir:
—Ni vengo por las riquezas, ni vengo por los capones;
4   vengo por las mollas de pan, que tienes por los rincones.
—Para eso tengo mis perros lebreros que las suelen recoger.
6   Salgan los perros lebreros a San Lázaro a morder.
Los perros fueron humildes, más humildes que Noé.
8   Se le arrodillaron al suelo y le besaron los pies.
De las manos de San Lázaro, sale una fuente humanal;
10   de la boca del rico hombre, llagas de fuego infernal.
A San Lázaro le pido por Dios, que me deje volver al mundo,
12   que a pupilas y a pupilos a todos los casaré
y de lo que me sobre un rico hospital haré.
14   —No quiero tantas profías, que de los hombres hacías.
Un dinero que disteis siete años lo llevastes
16   y ahora lo llorarás en los eternos infiernos. Amén.

San Lázaro (polias.)—*Saint Lazarus*: Saint Lazarus goes to the home of a
wealthy man to ask for a few crumbs. The man says he gave his crumbs
to his dogs, and he turns the animals on Lazarus. But the dogs, upon
seeing Lazarus, do not harm him and sores appear all over the wealthy
man's mouth. If Lazarus will cure him, he promises to found a hospital.

51

SANTA OROSIA (*polias.*)

(U73)

a. Version recited by María Ara Blasco, 79 years old, of
Ara (Huesca), collected by Teresa Catarella, 10 July 1980

De Bohemia era Orosia   y de Egipto natural,
2   que por coronar a España,   vino a Yebra colosal.
En el termino de Yebra,   un labrador sembrando.
4   —No me dirás, labrador,   no me dirás lo que siembras.
—Siembro trigo, mi señora,   que lo requiere la tierra.
6   Por la mañana,   concurrirás a segarlo.
El labrador se fue a casa;   de aquello no hizo caso.
8   Ya salieron los pastores,   al alba con su ganado,
y vieron que el trigo estaba   perfecto para segarlo.
10   Ya se vincula un pastor,   ya se lo dice a su amo.
Ya se busca a sus peones   y al pronto se fue a segarlo.
12   Vieron venir unas gentes   los que están en Zamarrán,
por Orosia preguntar   y el labrador le responde:
14   —Que el día que se sembró,   Santa Orosia ha pasado.
El rey moro se quedó: — ñVálgame Dios, qué admirado!
16   Ya se fue armar a su tropa,   les dice: — Vamos al alto
y allá la descubriremos   dondequiera que apega.
18   Hasta las arañas, creo,   salieron a defenderla.
Le formaron un rejado,   como si tal cosa fuera.
20   Coge el rey moro la espada   y el rejado va al ataque.
Al pronto salía la joya,   Nuestra Señora suspensa
22   y le dice cara a cara: . . . .
—El rey moro, se ha atrevido,   quiere ser con mí casada.
24   Santa Orosia le responde: —Ay, pero qué desairada,
dos mil veces quiero ser,   dos mil veces, degollada,
26   antes que con un rey moro   yo había de ser casada.

Coge el rey moro la espada,   la cabeza le cortó.
28 La cabeza por el suelo   lastimosa fue el pelda.
Y a su hermano San Cornelio   estas palabras le habla:
30 —Animo, hermano mío,   que te apreviene la espada;
ánimo, hermano mío,   vamos a la gloria santa.
32 La dejaron en el monte;   las fieras se la tragaran.
Ya baja un ángel del cielo,   con su corona y su palma,
34 a recoger aquel cuerpo   de nuestra preciosa santa.
En aquella tierra extraña,   sólo un pastor habitaba.
36 Llamó el ángel al pastor   y estas palabras le habla:
—Mira, hay que ir a Yebra   y también hay que ir a Jaca.
38 El pastor al pronto miente   y al pronto se discusaba:
—Mi ganado no ha bebido   y en este monte no hay agua.
40 —Yo te cuidaré la hacienda   y no te faltará nada.
Llega a la vista de Yebra;   el pastor se descansaba.
42 Las campanas por las torres   por si solas [repicaban]....
La gente quedó suspensa: —ñVálgame Dios, que admiraba!
44 La cabeza de quién lleva....
Por un extraño camino,   el cuerpo sagrado a Jaca
46 llegó al portal de las monjas   el pastor se descansaba;
las campanas por las torres   por si solas [repicaban]....
48 La gente quedó suspensa.   —ñVálgame Dios, que admiro!
Y el obispo don Mariano,   que del Río se llamaban,
50 avisa el ayuntamiento: —¿Dónde vamos, no sé nada?
Ya se levanta el pastor,   en su procesión cuadraba.
52 Coloquen a Santa Orosia   en la catedral santa
y les dejó por escrito   le dan un nuevo.
54 Y el veinte y cinco de junio,   su fiesta le celebraron.
Le tocarán la agonía   con tristeza de campanas.
56 Rezarán credos y salves   a nuestra preciosa santa.
De perisquios y lluvias   Orosia quedó encargada
58 y de partos peligrosos   rezarán su palabra.
Delante de Dios. Amén.

28*b* and 56*a*: *sic.*

Santa Orosia (polias.)—Saint Orosia: Saint Orosia, born in Egypt, came to Aragon. In Yebra (Huesca), she saw a man planting wheat. She told him to come back the next day to harvest it. And so it happened. The Moorish king came by and could not believe the miracle that Orosia had performed. He had his men find her and proposed marriage to her. She told him that she would rather be beheaded two thousand times than to marry an infidel. He took out his sword and decapitated her. Her fallen head then spoke to her brother, Saint Cornelius, telling him to have faith and not fear martyrdom. They left her body in the mountains, where the beasts mangled it. An angel came to claim the saint and told a shepherd that he would care for his flock if he went to Yebra and Jaca to tell all the people about Orosia. He did so and they came and took the body back to the cathedral at Jaca. They built a new altar to her and celebrate her day on June 25.

52

DON GATO (*á–o*)

(W1/W1)

a. Versión from the notebook of the nuns of Barbastro (Huesca),
13 July 1987

     Estaba el Señor don Gato, en su silla de oro sentado,
2   calzando medias de seda y zapatitos dorados.
     Cuando llegó la noticia, que había de ser casado,
4   con una gata rabona, vecina del otro barrio.
     El gato, con la alegría, subió al bailar al tejado,
6   más tropezó con un palo y rodando vino abajo.
     Se ha roto siete costillas y la puntita del rabo.
8   Llamaron siete doctores, médicos y cirujanos.
     No acertaron con la cura, era enfermo desausiado,
10   sin ristras de longaniza, cual las que había robado;
     sin trozos del jamón, que arrebató mal guardado.
12   Decía poquito a poco en tono desconsolado:
     —Madre mía, si me muero, no me entierren en sagrado.
14   Ponedme en un campo verde, donde pasaré a mi agrado.
     Déjeme mi cabeza fuera, con mi pelo bien peinado,
16   para que digan las gentes: —Este pobre infortunado.
     No murió de tabardillo, ni tampoco de costado.
18   Que murió de mal de amores, ese mal tan desdichado.
     Lo llevaron a enterrar al pobrecito don Gato
20   y lo llevaban en hombros cuatro gatos colorados.
     Encima de la caja, iban siete ratones bailando,
22   al ver que se había muerto aquel su enemigo malo.
     Cuando lo iban a enterrar, en la calle de pescados,
24   al olor de las sardinas, el gato ha resusitado.
     Por eso dicen las gentes, siete vidas tiene un gato.

Version *a* combines *Don Gato* with *No me entierren en sagrado* (vv. 13–18).

b. Version sung by Elvira Galán Rivera, 75 years old, of Zaragoza (Zaragoza), 19 July 1987

    Estaba Señor don Gato, subidito en un tejado.
2   Ha recibido una carta, que tiene que ser casado,
    con una gatita parda [. . .]
4   El gato, por ir a verla, se ha caído de un tejado.
    Se rompió siete costillas y la puntita del rabo.
6   Lo llevaron a enterrar, por las calles del mercado.
    Y al olor de las sardinas, el gato ha resusitado. . .

Every verse carries the refrain: *marau miau miau miau miau.*

c. Version sung by María de Cabrera, 82 years old, of Valbona (Teruel), 12 July 1985

    Estaba el Señor don Gato, en silla de oro sentado;
2   en silla de oro el anochecer, se quería ser casado,
    con·una gatita parda, de orejas y sin rabo.
4   El gato, por ir a verla, se tiró tejas abajo.
    Se rompió siete costillas y el vuelo del espinazo.
6   Acudieron los negritos, negritos, cirujanos, capataces.
    La rata y los ratones de contentos van bailando.
8   Creen que había muerto aquel enemigo malo.

d. Version sung by Asunción Valles y Calvo, 60 years old, of Cantavieja (Teruel), 20 July 1985

    Estaba un señor don Gato, sentadito en su tejado,
2   barraumiau, miau, miau, miau, sentadito en su tejado.
    Ha recibido una carta, que quería ser casado,
4   con una gatita blanca, sobrina de un gato pardo.
    De contento que estaba, se cayó tejado abajo.
6   Se rompió siete costillas y el esquinado del rabo.
    Ya lo llevan a enterrar, por las calles del pescado.
8   Al olor de la sardina, el gato ha resucitado.

e. Version sung by Carmen García, 67 years old, and Felisa Loyola, 45+ years old, of Calamocha (Teruel), 23 July 1985

Estaba el señor don Gato, sentadito en su tejado,
2 rrau miau, miau, miau, miau, sentadito en su tejado.
Y ha recibido una carta, que quería ser casado,
4 con una gatita parda, sobrina de un gato pardo.
Se ha caído del tejado. [. . .]
6 Se ha roto siete costillas y el esquivo del rabo.
Ya lo llevan a enterrar por las calles del mercado,
8 y al olor de las sardinas el gato ha resusitado.
Por eso dice la gente, siete vidas tiene un gato.

f. Fragment recited by a lady of about 80 years old, of Uncastillo (Zaragoza), collected by Teresa Catarella, 6 July 1980

Estaba el señor don Gato, sentadito en silla de oro
2 y le vino a la memoria que quería ser casado.

g. Version sung by Ester, 36 years old, of Sos del Rey Católico (Zaragoza), collected by Teresa Catarella, 6 July 1980

Estando el señor don Gato, sentadito en un tejado.
2 Ha recibido una [carta] que quería ser casado,
con una gatita parda, sobrina de un gato pardo.
4 El gato, por ver la novia, se ha caído del tejado.
Se ha roto siete costillas, el espinazo y el rabo.
6 Ya lo llevan a enterrar, por las calles del pescado.
Al olor de las sardinas, el gato ha resucitado.
8 Por eso dice la gente, siete vidas tiene un gato.

h. Fragment sung by Sr. Broto, of Pozán de Vero (Huesca), collected by Teresa Catarella, 10 July 1980

Estaba el señor don Gato, sentadito en su tejado.
2 Se ha ido del tejado; se ha roto siete costillas.

A refrain follows each verse: *ola catacú, catacú, catacún.*

Don Gato (á–o)—*Mr. Cat.* Mr. Cat is seated on his gold chair with silk stockings and golden shoes. The message arrives that he is to wed a bobtailed (grey, white, brown) cat of another neighborhood. He is so happy at the news that he climbs on his rooftop to dance and slips and falls. He breaks seven ribs and the tip of his tail. Doctors and surgeons can not agree on a cure. None of the sausages or pieces of ham he has stolen can bring him around; he is dying and wishes to be buried in fertile ground. He asks to be buried with his head above ground, his hair neatly combed, so that people will pity him. He does not die of his wounds, rather of a broken heart. Four red cats bring him to be buried. On top of his coffin, seven mice are dancing. When they are taking him through the fish market to be buried, the smell of the sardines resusitates him. For this reason people say that cats have seven lives.

53

LA PASTORCITA Y SU GATO (*í–o*)

(W9/Z15)

a. Version sung by María La Real, 81 years old, of Sabiñáñigo
(Huesca), born in Pamplona (Navarra), 5 July 1987

    Estaba la pastora,   cuidando su rebañito.
2   El gato la miraba,   con ojos golositos.
    —Si aquí hincas la uña,   te saco los ojitos.
4   La uña la hincó   y el cuento se acabó.

1*a*, 2*a*, 3*a*, 4*a* are repeated and add the
following refrain: *larán, larán, larito.*

b. Version recited by María Bielsa Paguña, born in Barbastro
(Zaragoza), 80 years old; Natividad Mediano, 80 years old;
    and Margarita Peláez, 80 years old, in Jaca (Huesca),
        7 July 1987

    Estaba una pastorcita,   cuidando un rebañito.
2   De la leche de sus cabras,   hacía requesitos.
    Y el gato le miraba,   con ojos golositos.
4   —Si me hincas la uña,   te corto los tiquitos.
    La uña le hincó   y los tiquitos le cortó.

Each verse is repeated with the refrain: *larán. . . .*

c. Version sung by Pura Sánchez, 60+ years old, of Embún (Huesca),
9 July 1987

    Estaba una pastora, cuidando el rebañito.
2   Con leche de sus cabras, mandó hacer un quesito.
    Un gato le miraba, con ojos golositos.
4   —Si tú metes la pata, yo la vida te quito.
    La pata la metió y ella mató al gatito.
6   Después se confesó con el padre Benito.
    —A usted me acuso, padre, de haber muerto al gatito.
8   —De penitencia te he hecho que reces un Credito.
    El Credo lo rezó, y se acabó el cuentito.

Each verse is repeated with the refrain: *larán.* . . .

d. Version recited by Tía Asunción Izquierdo, 85 years old, of
Cantavieja (Teruel), 17 July 1985

    Estaba la pastora, cuidando su rebañito.
2   Con leche de sus cabras, hacía los quesitos.
    El gato la miraba, con ojos golosinos.
4   —Si me hincas la uña, te saco los ojitos.
    La uña le hincó y los ojos le sacó.

La pastorcita y su gatito (í–o)—The little shepherdess and her cat. A shepherdess is caring for her flock. With milk from her goats, she is making cheese. Her cat is watching with gluttonous eyes. She tells the cat not to put its paw in the cheese and ruin it or else she will punish it. The cat disobeys and she kills it.

54

LA INFANTINA (*í–a*)
(*a lo divino*)

(X1.1/U51)

a. Version recited by Julia Mosteor, 62 years old, of
   Sabiñáñigo (Huesca), born in Calatorao (Zaragoza), 7 July 1987

    Jesucristo fue a cazar por los montes que solía.
2   Los perros se le cansaban, la caza no parecía.
    Se encontró con un labrador, lleno de malancolía.
4   Le preguntó si había Dios; contestó que Dios no había.
    —Calla, calla, pecador, que hay Dios y Santa María.
6   Si eso supiera la Muerte, a ti se te atrevería.
    —No tengo miedo a la Muerte, ni tampoco a quien le envía.
8   Al otro día mañana, la Muerte a su casa iba.
    Lo cogían entre cuatro, lo subían costa arriba.
10   Cada tropezo que daban, las piedras entremecían.
    Llegaron pues al Cielo, tabicadas las [puertas] tenían.
12   Llegaron las del Infierno, en par en par las tenían.
    —Buenos días, buenos días, siéntese usted en esta silla,
14   para comer lo guardamos una culebra cocida
    y un plato de solimán es hacer a su comida.
16   Para dormirle guardamos una cama bien cumplida,
    de cuchillos y navajas y las puntas para arriba. Amén.

b. Version recited by Augustina Tisnet del Río, 62 years
   old, of Ainzón (Zaragoza), born in Cuzana (Huesca), 20 July 1987

    San Antonio fue a cazar por los montes que sabía.
2   Ya llevaba los galgos cansados de subir la cuesta arriba.
    Se encuentra con un cazador de malancolía.

4   Le pregunta si haya Dios; Dios no hay.
        —Mira, hombre, lo que dices, que hay Dios y que
                                            también Virgen María.
6   Al otro día siguiente, en su casa Muerte había:
        —Detente, Muerte rabiosa, detente, aunque sea un día.
8   —No me puedo detener, que Dios del Cielo me envía.
        El que diga esta oración todos los días del año,
10   sacará un alma de pena y gracia del pecado.
        Es que la Virgen lo aprenda, es que la sepa y no la diga,
12   el día del juicio el alma lo convenga delante de Dios.
        Amén. Jesús.

c. Version recited by Elvira Galán Rivera, 75 years old, of
            Zaragoza (Zaragoza), 19 July 1987

        Jesucristo fue a pescar, a pescar como solía.
2   Ya se cansaban sus hombres, de vagar por la bahía.
        Se encontraron a un anciano, viejo y de malancolía.
4   Le preguntaron que si hay Dios y dijo que Dios no había.
        Le preguntaron que si hay Virgen y lo mismo respondía.
6   Entonces le dijo Jesús: —Ancianito, ¿por qué dices
                                        eso con tantísima ironía?
        ¿No te parece que puede venir la Muerte y quitarte aquí la
                                                        vida?
8   —Yo no le temo a la Muerte, ni al capitán que la envía.
        Domingo por la mañana, la Muerte al su casa iba
10   y cuando la vio venir, dijo con voz despavorida:
        —Detente, Muerte rabiosa, detente, si quiera un día.
12   —Yo no me puedo detener, que Dios del Cielo me envía.
        [. . .] en el que tú no creías.
14   —Detente, muerte rabiosa, detente si quiera un día,
        para poderme deslizar de mis pecados que son muchos grandes,
16   y muy grandes en mi vida y repartir mis haciendas,
        a los asilos, a los amparos y a las gentes desvalidas.
18   Jesús le dio el permiso solamente de diez días.
        Descargo de sus pecados, repartió la hacienda.
20   Cuando tenía a los asilos, amparos y a las gentes desvalidas,
        otro domingo por la mañana, la Muerte a su casa iba.
22   Y el anciano con orgullo y alegría la acató.
        Y domingo por la mañana, las campanas ya se oían.
24   Lleva el alma del anciano, que a la gloria se subía.

d. Version recited by Aurora Pardo, 60 years old, of Ainzón (Zaragoza), 20 July 1987

Jesucristofue a cazar por los montes que solía.
2   Al ver que no había caza . . . .
Se encontró con un labrador lleno de melancolía.
4   Le preguntó si había Dios; le dijo que Dios no había.
—Calla, calla, pecador, que hay Dios y Santa María.
6   Que te va a llevar a la Muerte y te quitará la vida.
Al otro día de mañana, la Muerte a su casa iría.
8   —Detente, Muerte rabiosa, detente si quiere un día,
para confesar mis pecados y entregar a Dios mi vida.
10   —No me puedo detener, que el Dios del Cielo me envía.
Le llevó a las puertas del Cielo y no le gustaría.
12   Le llevó a las puertas del Infierno a las cuales le gustaría.

e. Version sung by María Luisa García, 57 years old, of Ibdés (Zaragoza), 22 July 1987

Salía Dios de esa casa un día como solía.
2   Los varos se te cansaban la casa no parecía.
Y allá se encontró Dios un hombre lleno de melancolía.
4   Le dijo si había Dios; le dijo que no lo había.
—Hombre, que me has engañado, que hay Dios y Santa María.
6   Que te enviará la Muerte y te quitará la vida.
—Yo no le tengo miedo a la Muerte, ni tampoco a
                                      quien la envía.
8   Domingo por la mañana, la Muerte a su casa iba.
—Detente, Muerte rabiosa, detente si quiere un día.
10   —No me puedo detener, que Dios del Cielo me envía.
Y a él le agarran de los brazos y los sube a cuestas arriba.
12   De los lamentos que echaba, las penas estremecían.
Las puertas del Cielo cierran; las del Infierno abrían,
14   para meter aquel alma, ya que contra Dios se volvía.
Le daremos para comer una culebra cocida
16   y para beber un vaso de perlesía.
Y si le parece poco, una cama bien pulida,
18   de cuchillos y navajas, todas las puntas p'a arriba.

f. Version recited by Manuel Zaeta Lorente, 90 years old, of Cantavieja (Teruel), 20 July 1985

    Un día soleado de primavera, yendo yo de paseo,
2   me encontré con un hombre, que andaba de mala vida.
    Yo le pregunté si había Dios y me dijo el desgraciado que
                 Dios no había.
4   —Calla, hombre, que está loco; que hay Dios y Santa María.
    Y mañana vendrá la Muerte y te quitará la vida.
6   Al otro día siguiente, la Muerte ya le venía.
    —Quítate, Muerte traidora, déjame pasar mi vida,
8   para confesar mis pecados y salvar el alma mía.

g. Version recited by María Alegría, 77 years old, of Cedrilla (Teruel), 21 July 1985

    Jesucristo fue a cazar, los barracos que solía.
2   Los perros se le cansaron y la caza no salía.
    Encontraste con un rico señor, rico de melancolía.
4   Le preguntó si había Dios y dijo que Dios no había.
    —Calla, hombre, mira lo que dices, que hay Dios y también
                 la Virgen María.
6   Mira, que te puede castigar Dios, lo mismo de noche que de
                 día.
    —Ni uno le temo el castigo, ni tampoco que rompía.
8   Al otro día al amanecer, la Muerte por él venía.
    —Quítate, Muerte rabiosa, déjame descansar un día,
10 para cumplir con mis pecados, encomendar el alma mía.
    —Yo no puedo dejarte, no, que el mismo Dios del
                 Cielo me envía.
12 Y allí salieron los suyos y le dieron la bienvenida.
    —Bienvenido, caballero, siente [. . .]
14 Te daremos p'a comer una culebra encendida;
    te daremos para beber agua de berraritida.

h. Version recited by Julia Plano, 86 years old, of Sofuentes (Zaragoza); collected by Cristina Remón Pérez, 30 July 1987

    Jesucristo fue a cazar, por los montes que solía.
2   Ni encontraba caza viva, ni encontraba caza muerta.
    Por último se encontró con un rico rico.

4	Le dijo si había Dios; le contestó que no había.
	—Calla, calla, hombre loco, que hay Dios y también María.
6	Que nos puede castigar, si la Muerte nos envía.
	Las puertas del Paraíso cerradas las encontraría
8	y las puertas del Infierno de par en par se le abrían.
	—Entra, entra, caballero, y siéntate en esta silla.
10	Para comer te guardamos una culebra cocida;
	un plato de solimán y una cama bien cumplida
12	de cuchillos y navajas y las puntas hacia arriba.

La infantina (*a lo divino*) (*í–a*)—*Christ goes hunting*: Christ goes hunting, as was his custom. When his dogs become tired of searching and not finding anything, they meet a laborer (or an old man). Christ asks him if God exists. He answers that there is no God. Christ affirms that there is a God and a Virgin Mary. He asks what he would do if Death came for him? Death arrives and the man asks to be given one day, so he can confess his sins. When Death returns, the man dies happily, for he has been saved.

55

DONCELLA GUERRERA (*polias.*)

(X4/X5)

a. Version recited by Clara Aranda, 80+ years old, born in
   Yesa (Navarra), collected in Jaca (Huesca), 7 July 1987

    Un capitán sevillano, siete hijos tuvo,
2   uno. . .   ninguno le fue varón.
    La de un día, la más pequeña, le dio la tentación,
4   . . .   que te van a conocer.
    Tienes el pelito largo y carita de mujer.
6   La conoció el hijo del rey, que con ella se casó.

b. Version sung by Dolores Anuncio, 62 years old, of La Peña
   (Huesca), 8 July 1987

    Un capitán sevillano, la desgracia le dio Dios,
2   que de siete hijos que tuvo, ninguno fue varón.
    Y un día la más pequeña le tiró a la inclinación,
4   de ir a servir al rey vestidita de varón.
    —No vayas, hija, no vayas, que te van a conocer.
6   Tienes el pelito largo y la cara de mujer.
    —Si tengo el pelito largo, madre, me lo cortaré
8   y después de bien cortado, un varón pareceré.
    Siete años llevo sirviendo y nadie me conoció,
10   sólo que el hijo del rey, que de mí se enamoró.
    Y un día yendo a caballo, la espada se me cayó.
12   Y por decir: — Maldita sea, en el pie se me clavó.

c. Versión recitada de Miquela Zaráido Bailó, 84 years
old, of Berués, San Juan de la Peña (Huesca), 9 July 1987

    En Sevilla un sevillano, siete hijos le dio Dios.
2   Y tuvo la mala suerte que ninguno era varón.
    Un día la más pequeña le llevó la inclinación:
4   —Me voy a servir el rey, en figura de varón.
    —No vayas, niña, no vayas, que te van a conocer.
6   Llevas el pelo muy largo y dirán que ella es mujer.
    —Si llevo el pelito largo, padre, córtemelo usted
8   y después de recortarlo, un varón pareceré.
    Siete años peleando, ninguno la conoció,
10   solamente el hijo del rey, que de ella se enamoró.
    Al montar a su caballo, la espada se le cayó
12   y nadie la recogió, sólamente el hijo del rey.
    Es a quien la recogió y con ella se casó.

d. Version sung by Pura Sánchez, 60+ years old, of Embún (Huesca),
9 July 1987

    En Sevilla un sevillano tenía la desgracia de Dios,
2   de siete hijas que tuvo, ninguno fue varón.
    Un día la más pequeña tuvo la inclinación de Dios,
4   de ir a servir al rey vestidita de varón.
    —No vayas hija, te digo, pa'que te van a conocer.
6   Tienes el cabello largo....
        ... padre, me lo corte usted,
8   que de vez bien cortado, un varón pareceré yo.
    Siete años en batalla, ninguno la conoció,
10   hasta el hijo del rey, que de ella se enamoró.

e. Version recited by José Pérez, 62 years old, of Berdún (Huesca),
9 July 1987

    En Sevilla había un sevillano, la desgracia le dio Dios,
2   de siete hijas que tuvo, ni uno le fue varón.
    Un día la más pequeña tenía la inclinación de Dios,
4   de ir a servir al rey vestidita de varón.
    —No vayas hija, no vayas, que te van a conocer;
6   que llevas el pelo largo y aunque eras mujer.
    —Dice que lo digan, madre, córtemelo usted.

8   Y después de bien cortado, un varón pareceré.
      Siete años en la guerra, ninguno me conoció.
10   Sólo el hijo del rey, que de mí se enamoró.

f. Version sung by Cristobalina Torralba, 62 years old, of Berdún (Huesca), 9 July 1987

      En Sevilla un sevillano, la desgracia le dio Dios,
2   de siete hijas que tuvo, ninguna le fue varón.
      Un día la más pequeña tuvo inspiración de Dios,
4   de ir a servir al rey vestidita de varón.
      —No vayas, hija, no vayas, que te van a conocer.
6   Que llevas el pelo largo y te dirán que eres mujer.
      —Si lo dicen, que lo digan, madre, me lo corte usted.
8   Y después de bien cortado, un varón pareceré.
      Siete años en Sevilla y nadie la conoció.
10   Sólo el hijo del rey, que de ella se enamoró.
      Al montarse al caballo, la espada se le cayó
12   y a la bajar a cogerla, en su pecho se clavó.
      —Pajaritos que voláis por la mar y por la tierra,
14   anda y dile a mi madre, que al fin me muero en la guerra.

14*b* is repeated.

g. Fragment sung by Manuela Cerrador Zagarra, 90 years old, of Sariñena (Huesca), 11 July 1987

      En Sevilla un sevillano, la desgracia le dio Dios. . . .

h. Version sung by Gregorio Monclús Albajar, 62 years old, of Adahuesca (Huesca), 15 July 1987

      En Sevilla un sevillano, la desgracia Dios le dio,
2   de siete hijas que tuvo, ninguno le fue varón.
      Y un día la más pequeña, le vino la inclinación
4   de ir a servir al rey vestidita de varón.
      —No vayas, hija, no vayas, que te van a conocer.
6   Llevas el pelito largo y te dirán que eres mujer.
      —Si llevo el pelito largo, padre, me lo cortaré
8   y después de bien cortado, un varón pareceré.

i. Version recited by Gloria Abadía Litosa, 62 years old, of Leciñena (Zaragoza), 19 July 1987

... de las siete hijas que tuvo, ninguno le fue varón.
2   Un día la más pequeña se le dio la inclinación,
     de irse a servir al rey vestidica de varón.
4   —No vayas, hija, no vayas, que te van a reconocer,
     que llevas el pelico largo y ven que es una mujer.
6   —Si llevo el pelo largo, ya me lo recortaré.
     Una vez bien recortado, un varón pareceré.

j. Version recited by Elvira Galán Rivera, 75 years old, of Zaragoza (Zaragoza), 19 July 1987

En Sevilla un sevillano, le dio la desgracia Dios,
2   de que tuvo siete hijas y ninguno fue varón.
     Un día la más pequeña le vino la inclinación,
4   de quererse ir a servir al rey vestidita de varón.
     —Mire, hija mía, no vayas, que te van a conocer,
6   que tienes el pelo largo y verán que eres mujer.
     —Si llevo el pelito largo, ya me lo recortaré,
8   pero yo me voy soldado, sin pensar que soy mujer.

k. Version sung by Aurora Pardo, 60 years old, of Ainzón (Zaragoza), 20 July 1987

En Sevilla un sevillano la vergüenza le dio Dios,
2   de siete hijas que tuvo, ninguna le fue varón.
     Un día a la más pequeña le vino la inclinación,
4   de ir a servir al rey vestidita de varón.
     —No vayas, hija, no vayas, que te van a conocer.
6   Llevas el pelito largo y dirán que eres mujer.
     —Si llevo el pelito largo, yo me lo recortaré.
8   Después de bien cortado, un varón pareceré.
     En su caballo la espada se le enclavó
10   y han de decir: —Maldita sea....

l. Version sung by Carmen Garasa, 67 years old, of Biscarrués
(Zaragoza), 27 July 1987

  En Sevilla un sevillano siete hijas le dio Dios
2 y tuvo la mala suerte que ninguna fue varón.
  Un día la más pequeña se le salió la inclinación:
4 —Me voy a servir al rey vestidita de varón.
  —Mira, niña, lo que haces, mira lo que vas a hacer.
6 Llevas el pelo largo y pensarán que eres mujer.
  —Si lo llevo, que lo lleve, ya me lo recortaré,
8 y después de recortado, un galán pareceré.
  Siete años llevó en Africa y nadie la conoció;
10 nada más que el hijo del rey, que de ella se enamoró.

m. Version recited by Dolores Oriopina, 65 years old, and
Asunción Sanz, 58 years old, of Hijar (Teruel), 1 August 1987

  En Sevilla un sevillano tenía la desgracia de Dios,
2 de los siete hijos que tuvo, ninguno fue varón.
  Un día a la más pequeña le cayó la inclinación,
4 de ir a servir al rey vestidita de varón.
  —No vayas, hija, no vayas, que te van a conocer.
6 Mira que llevas pelito largo y verán que eres mujer.
  —Si llevo pelo largo, madre, me lo recortaré,
8 y con el pelo cortado, un varón pareceré.
  Siete años en la guerra y nadie la conoció,
10 más que el hijo del rey, que de ella se enamoró.
  Un día montado a caballo, la espada se la cayó.

n. Fragment recited by Isabel Ramos, 87. years old, of Ababuj
(Teruel), 22 July 1985

  Un sevillano en Sevilla siete hijas le dio Dios,
2 de las siete hijas que tenía, que ninguna fue varón.
  A la más pequeña de todas le tiró la inclinación,
4 de ir a servir al rey vestidita de varón.

o. Version sung by María Broto, 58 years old, of Pozán de Vero (Huesca), collected by Teresa Catarella, 10 July 1980

En Sevilla un sevillano la desgracia le dio Dios,
2   de siete hijas que tuvo, ninguna le fue varón.
Un día la más pequeña le vino la inclinación,
4   de irse a servir al rey vestidita de varón.
—No vayas, hija, no vayas, que te van a conocer.
6   Llevas el pelito largo y te dirán que eres mujer.
—Si llevo el pelito largo, padre, me lo cortaré
8   y después de bien cortado un varón pareceré.
Siete años peleando y nadie le conoció,
10   hasta que el hijo del rey, de ella se enamoró.
Al montar en su caballo, l'espada se le cayó;
12   y al decir: — Maldita sea, por el pie se la clavó.
El rey, que el estaba viendo y a su palacio l'entró,
14   y con algodón y gazas, la heridilla se le curó.

La doncella guerrera (polias.)—*The warrior maiden:* A captain from Seville has seven daughters. One day, the youngest tells him that she wants to serve in the king's army. She asks her father to cut her hair like a boy, so she will not be recognized. She goes off to battle and fights bravely. She is never recognized by the soldiers. In most versions, only the king's son recognizes that she is a woman, falls in love with her, and marries her.

56

MAMBRÚ (á)

(X19/X8)

a. Fragment sung by Andrés Soto Robán, 71 years old, of La Peña
(Huesca), 7 July 1987

         Mambrú se fue a la guerra, no sé cuando vendrá.
2   Si vendrá para la Pascua o para la Trinidad.
         La Trinidad se marcha, Mambrú no vuelve ya.

Each verse is repeated and followed by the refrain: *mire usted,
mire usted, qué pena; dó, ré, mí, dó, ré, fá, no sé cuando vendrá.*

b. Fragment recited by María Bielsa Paguna, born in
Barbastro (Zaragoza), 80 years old; Natividad Mediano, 80
years old; Margarita Peláez, 80 years old, in Jaca (Huesca),
7 July 1987

         Mambrú se fue a la guerra, no sé cuando vendrá.
2   Si vendrá para la Pascua o por la Trinidad.
         La Trinidad se acerca y Mambrú no viene ya. . . .

The refrain is identical to version *a*.

c. Fragment recited by Clara Aranda, 80+ years old, born in
        Yesa (Navarra), Jaca (Huesca), 7 July 1987

    Mambrú se fue a la guerra, no sé cuando vendrá.
2   Si vendrá para las Pascuas o para la Trinidad....

d. Fragment recited by Pura Sánchez, 60+ years old, of Embún
        (Huesca), 9 July 1987

2   Mambrú se fue a la guerra, no sé cuando vendrá.
    Si se da para Pascua o para la Trinidad,
6   o re mí, o re ma, o para la Trinidad.

e. Fragment recited by Carmen Abad, 57 years old, de
        Berdún (Huesca) y Purificación Boraugodas, 82 years old, de
        Santa María de la Peña (Huesca), en Berdún, 9 July 1987

    Mambrú se fue a la guerra, no sé cuando vendrá.
2   Si vendrá p'a la Pascua o p'a la Navidad,

Each verse is repeated and followed by the same refrain as version
a.

f. Fragment sung by Julia María Ortiz, 50+ years old, of Sariñena
        (Huesca), 10 July 1987

    Mambrú se fue a la guerra, no sé cuando vendrá.
    Si vendrá p'a la Pascua o para la Navidad.
4   La Pascua ya ha pasado y la Navidad también....

Each verse is repeated and followed by the refrain in version *a*.

g. Fragment recited by Raquel Corvino, 57 years old, of Albalatillo
(Huesca), 11 July 1987

   Mambrú se fue a la guerra, no sé si volverá.
2 Si volverá para la Pascua o para la Trinidad.
   La Trinidad se acerca, Mambrú no viene ya. . . .

h. Version recited by Concepción Paz, age unknown, born
in Compostela (La Coruña), of Castejón de Monegros (Huesca),
12 July 1987

   Mambrú se fue a la guerra, no sé cuando vendrá.
2 Si vendrá para la Pascua o por la Trinidad.
   La Trinidad se pasa, mire usted, mire usted, qué raya.
4 Se suben a la torre, mire usted, mire usted qué onre,
   Se suben a la torre, por ver si viene ya. . . .
6 Por allí viene un paje, mire usted, mire usted, qué traje,
   por allí viene un paje, ¿qué noticias traiga?
8 —Las noticias que traigo, mire usted, mire usted, qué caigo,
   las noticias que traigo dan ganas de llorar.
10 Que Mambrú ya se ha muerto, mire usted, mire usted, qué
               tuerto,
   qué Mambrú ya se ha muerto, lo llevan a enterrar.
12 En caja terciopelo, mire usted, mire usted, qué pena,
   en caja de terciopelo, con tapa de cristal.
14 Encima de la caja, mire usted, mire usted, qué drapia,
   encima de la caja, tres pajaritos van.
16 Cantando el pío pío, mire usted, mire usted, qué tío,
   cantando el pío pío, cantando el pío pá.

Each verse is repeated.

i. Fragment sung by María Gracia, 84 years old, of
Montañana (Zaragoza), in Sástago (Zaragoza), 16 July 1987

   Mambrú se fue a la guerra, ñqué viva el amor!
2 No sé cuando vendrá, ñviva la rosa en su rosal!
   Si vendrá para la Pascua, ñviva el amor!
4 o p'a la Navidad, viva la rosa en su rosal.

Verses 1 and 3 are repeated.

j. Fragment recited by Irene Arras Rodríguez, 86 years old, born in Manila (Philippines), in Villafranca de Ebro (Zaragoza), 19 July 1987

Mambrú se fue a la guerra, no sé cuando vendrá.
2   Quizás vendrá para la Pascua o para la Navidad.

k. Version sung by Matilde Miranda Gil, 70 years old, of Ibdés (Zaragoza), 22 July 1987

Mambrú se fue a la guerra, no sé cuando vendrá.
2   Si vendrá para la Pascua o para la Trinidad,
    La Trinidad se pasa, qué dolor, qué dolor, qué pena,
4   fuera de allí vive un paje, ¿qué noticias se da?
    —Las noticias qué traigo dan ganas de llorar.
6   Se viste de luto, hiciste a Dios a llorar.

l. Fragment sung by a group of children, 6–12 years old, in Sos del Rey Católico (Zaragoza), 28 July 1987

Mambrú se fue a la guerra, no sé cuando vendrá.
2   Si vendrá por la Pascua o por la Trinidad.
    La Trinidad se pasa, Mambrú no viene ya....

Each verse is repeated and the refrain of version a is sung.

m. Fragment sung by Angel Palo del Río, 63 years old, of Berdejo (Zaragoza), 31 July 1987

Mambrú se fue a la guerra, no sé cuando vendrá,...

This verse is repeated, and the refrain from a is sung.

n. Version sung by María Angeles Abaz, 12 years old, of Calamocha (Teruel), 23 July 1985

Mambrú se fue a la guerra, no sé cuando vendrá.
2   Si vendrá por la Pascua o por la Trinidad.
La Trinidad se pasa, Mambrú no viene ya.
4   Sube a la torre, para ver si vendrá.
Encima de la torre, tres pajaritos van,
cantando el pío, pío, el pío, pío, pá.

Each verse is repeated and the refrain of version a is sung.

Mambrú (*á*)—*Mambrú.* Mambrú goes to war and no one knows when he will return. Perhaps he will return for Easter or for the feast of the Holy Trinity, but he never does. A page delivers the message that Mambrú has been killed.

57

EL MAL CAZADOR (á)

(X35)

a. Version sung by Araceli Cerecedes, 30 years old, of Borau
(Huesca), 8 July 1987

	Una mañanita, la mañana de San Juan,
2	cogí mis perros lebreles y al monte me fui a cazar.
	Yo no vi cazar ninguna, ni ave que sepa volar,
4	sólo una paloma blanca, que estaba en el palomar.
	Yo la miro y ella me mira y ella se me echa a llorar.
6	—No llores, paloma mía, no tienes porque llorar,
	que tus hijos y los míos hermanos le han de llamar.
8	Irán juntitos a misa, la mañana de San Juan;
	beberán del mismo vino, comerán del mismo pan,
10	vestirán de terciopelo, calzarán de cordován.

El mal cazador (á)—*The unsuccessful hunter.* The morning of the feast of
Saint John, a man goes hunting but cannot find any game. He sees a
white dove. When she sees him, she begins to weep. He tells her his
children and hers will be brothers.

58

EN LOS RIOS MAS CORRIENTES (*á–a*)

(X36)

a. Version of an elderly lady of Castejón de Monegros (Huesca),
12 July 1987

       En los ríos más corrientes, donde baja el agua clara,
2   vive allá una doncella, vestida de seda y lana.
       El sol había en su frente, la luna en su blanca cara.
4   Mata de cabello tiene, que hasta sus plantas llegaba.
       Con peine de oro en sus manos, para peinárselos estaba.
6   Si se los peina de día, hasta el sol se le paraba.
       Y si los peine de noche, todo el mundo relumbraba.
8   Sus mejillas son de rosas, que no las hay en España.
       Sus narices son de una fuente, donde mana agua clara.
10   Sus labios son dos claveles, criados en la montaña.
       Sus dientes, letra menuda; su boca es carta cerrada.
12   Su . . . es una manzana, rojita y colorada.
       Lleva un collar colorado, con gargantilla de plata.
14   Su pecho es un pirineo, donde está la nieve blanca.
       Su cinturita delgada se lleva la flor de España.
16   Sus piernas hondas y maromas, donde su cuerpo descansa.
       Y lleva las medias de seda, con ledas muy embordadas,
18   que se las bordó una niña y las monjas le enseñaba.
       Y las botas de charol con espunteas de plata;
20   los talones son de oro y la ligadura esmerada.
       Toda la tierra que pisa de flores queda sembrada.

12*b*: Informant recited *resoita* for *rojita*.
18*b*: Informant recited *enseñasca* for *enseñaba*.

En los ríos más corrientes (á–a)—*In the flowing rivers*: At the banks of a clear river there lives a young maiden dressed in silk and wool. She is beautiful; her hair is shining; her lips are like carnations; her breast like snow. Everywhere she walks, flowers grow.

59

BARQUERO (*polias.*)

(X37)

a. Fragment sung by Araceli Cerecedes, 30 years old, of Borau
(Huesca), 8 July 1987

Al pasar la barca,   me dijo el barquero:
2   —Las niñas bonitas   no pagan dinero.
       —Yo no soy bonita. . . .

b. Version sung by María Gracia, 84 years old, of
Montañana (Zaragoza), in Sástago (Zaragoza), 16 July 1987

Al pasar la barca,   me dijo el barquero:
2   —Las niñas bonitas   no pagan dinero.
       —Yo no soy bonita,   ni lo quiero ser.
       Tome usted el dinero   y yo me embarcaré.

El barquero (*polias.*)—*The boatman:* The boatman who takes passengers across the river tells a pretty young lady that she does not have to pay. She gives him the money anyway, fearing another request.

Musical Transcriptions

Tamar 1

(El rey mo - ro) tie - ne un hi - jo que Tran-

qui - lli - to se lla - ma.

La vuelta del marido 1

Sol - da - di - to, _____ sol - da - di - to, _____ de dón -

de ha ve - ni - do us - ted? De la gue-rra, _____ se - ño -

ri - ta, _____ por qué me pre-gun - ta us- ted?

217

La vuelta del marido 2

Ca - ba - lle - ro,— ca - ba - lle - ro,— de dón -

.ha ve — ni - dous - ted? De la

gue - rra,— se - ño - ri - ta,— qué se

le pue- de o - fre - cer?

La vuelta del marido 3

Sol - da - di - to,___ sol- da- di - to,___ de dón-de

ha ve - ni - do us - ted? De la

gue - rra, se - ño - ri - ta, ¿qué se je

ha o - fre - ci - do us - ted? ¿Qué se je

ha o - fre - ci - do us - ted?

El conde Niño 1

Ca - mi - na - ba el Con - de O - li - nos — ma - ña -

ni - ta de — San Juan — a dar a - gua a su ca -

ba - llo a las o - ri - llas del mar, a las

o - ri - llas del mar.

El conde Niño 2

Pase- a - ba el viz- con - de la ma -

ña - na de San Juan a dar a - gua a — sus ca -

ballos — a las o - ri-llas del mar, a las

o - ri- llas del mar.

El conde Niño 3

I - bael hi - jo deel viz-con-de la ma - ña - na de San

Juan ya dar a -gua— a sus ca ba - llos— ya las

o - ri -llas— del mar, ya dar a - gua— a sus ca-

ba-llos— a las o— ri -llas— del mar.

¿Dónde vas Alfonso XII?

♩ = 144

Alfon - so   Do - ce   ¿dón- de vas   tris- te de
mi?   Voy en bus - ca   de Mer - ce - des   que yer
tar - de no la vi,   que yer tar - de no la
vi.

El quintado

Mes de ma-yo, mes de ma-yo, mes de ma-yo y pri ma- ve- ra

cuan-do to- dos los sol- da- dos se mar-cha- ron

a la gue - rra.

La mala suegra

Se pa- se- a- ba Car - me - la

por u - na sa - la muy gran——— de

en- tre do- lor y do - lo- res re- za Car- me- la u- na sal- ve.

224

Delgadina 1

Un rey ten - ía tres hi - jas, ____ las tres co -

mo la pla-ta, y la más pe - que - ña de

el - las Del - ga - di- na se lla - ma - ba.

Delgadina 2

Un rey ten - ía una hi - ja Del- ga -

di - na se lla - ma - ba

225

Delgadina 3

Un rey ten- i - a tres hi- jas, un rey ten-í- a tres

hi- jas, _____ las tres co- mo la pla- ta, _____ las

tres co - mo la pla -

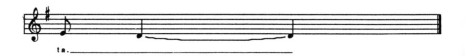

ta. _____

Delgadina 4

Un rey ten - ía tres hi - jas, ____ y las tres

co - mo una pla-ta. _____ La más pe- que- ña de

to - da Del- ga- di - na se lla-ma-ba, _____

La pedigüeña

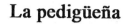

Un fran - cés vi - noaEs - pa - ña - en bus-

ca deu -na mu - jer seen- con-

tró con u - na ni - ña que le su - po res- pon-

El rey marinero

der.

A, a lao- ri- lle- ta del mar hay u— na ne-gra,

hay u— na ne- gra questá bor-dan- do ves- ti- dos

pa - ra— la rei - na, pa - ra— la rei - na.

Santa Catalina 1

En el mes de ma - yo, en el mes ____ de

ma - yo, ha - bí - a un - a ni - ña

que Ca - ta - li - na se lla - ma.

Santa Catalina 2

Un dí - a cin - co de mar- zo,

hay una fies - taen ____ Gra - na - da por queha

na - ci - do un - a ni - ña que

Ca - ta - li - na se lla - ma.

Santa Catalina 3

El dí-a cin-co de mayo, el dí-a cin-co de

mayo, hay u-na fies-taen Gra - na-da, ay, sí,

hay u - na fies - taen Gra - na - da.

La pastorcita y su gatito

Es-ta-ba la pas-to—ra la-rán la-rán la-ri—to

estaba la pastora

es-ta-ba la pas-to—ra cui-dan-doel re-ba-ñi - to.

La doncella guerrera

55b

Un ca - pi - tán se - vi - lla - no la des -

gra - cia le dio Dios que de sie - te

hi- jos que tu - vo que nin - gu - no fue va - rón.

El barquero

59a–b

Al pa - sar la bar-ca me di- joel bar - quero, las ni-

ñas bo - ni- tas no pa - gan di - ne - ro.

Mambrú

Mam - brú   se   fue a   la   gue - rra mi - reusted,

mi - reusted qué   pe - na, Mam - brú   se   fue a   la

gue - rra   no   sé cuán - do ven - drá   do   re

mi   do   re   fa   no   sé cuán - do ven -

drá.

List of Photographs

1. Members of the Centro Cultural de Sabiñáñigo (Huesca), 1987
2. María Bielsa Paguna, Natividad Mediano, Margarita Peláez of Jaca (Huesca), 1987
3. Miquela Zaráido Bailo of Berués (Huesca), 1987
4. Araceli Cerecedes of Borao (Huesca), 1987
5. María Luisa Sanz Alegre of Sariñena (Huesca), 1987
6. Julia María Ortiz of Sariñena (Huesca), 1987
7. Angel Araus of Tabuenca (Zaragoza), 1987
8. Florinda Pinos of Caspe (Zaragoza), 1987
9. Antonio Ferruz of Sástago (Zaragoza), 1987
10. Neighbors of Leciñena (Zaragoza), 1987
11. Elvira Galán Rivera of Zaragoza (Zaragoza), 1987
12. Aurora Pardo of Ainzón (Zaragoza), 1987
13. María Luisa García of Ibdés (Zaragoza), 1987
14. Mariano Solana Vives of Biel (Zaragoza), 1987
15. Feliz Subelso López of Ejea de los Caballeros (Zaragoza), 1987
16. Neighbors of Hijar (Teruel), 1987
17. María La Cabrera of Valbona (Teruel), 1985
18. María Tena of Cantavieja (Teruel), 1985
19. Manuel Záeta Lorente of Cantavieja (Teruel), 1985
20. Amalia Murciano of Valdecuenca (Teruel), 1985
21. Isabel Ramos of Ababuj (Teruel), 1985
22. Matilde Guillén of Formiche Alto (Teruel), 1985

1. Members of the *Centro Cultural de Sabiñáñigo* (Huesca), who were very eager to collaborate in the collection of ballads in 1987.

2. María Bielsa Paguna, Margarita Peláez & Natividad Mediano, each 80 years old, enjoying a morning in the park at Jaca (Huesca), 1987.

3. Miquela Zaráido Bailo of Barués (Huesca), 1987.

4. Araceli Cerecedes, 30 years of Borao (Huesca), only 15 km from France. She, despite her age, knew how to sing many beautiful ballads (1987).

5. María Luisa Sanz Alegre of Sariñena (Huesca) was of great assistance as an informant, and facilitated my interview of many local singers (1987).

6. Julia María Ortiz of Sariñena (Huesca), very interested in the project, contributed with great enthusiasm (1987

7. Angel Araus, 78, of Tabuenca (Zaragoza), contributed many fine versions in 1987.

8. Florinda Pinos of Caspe (Zaragoza), consented to sing in a picnic area at the side of the road (1987).

9. Antonio Ferruz, 81, of Sáastago (Zaragoza), contributed ballads, but was an expert at reciting tongue-twisters (1987).

10. Group of neighbors from Leciñena (Zaragoza), who sang and assisted in locating local informants (1987).

11. Elvira Galán Rivera of
Zaragoza, 75 years old, blind,
who sat to sing and recite
errorlessly for 2 hours (1987).

12. Aurora Pardo of Ainzón
(Zaragoza), sang several
fine versions (1987).

13. María Luisa García, 57 years old, of Ibdés (Zaragoza), recited
very complete versions of several ballads (1987).

238

14. Mariano Solana Vives, 75 years, of Biel (Zaragoza), raked his garden on the mountain all morning, walked home and recited ballads to me that afternoon (1987).

15. Feliz Subelso López, 65 years, of Ejea de los Caballeros (Zaragoza), 1987.

16. Neighbors from Híjar (Teruel): María Párez Ayllón, Teresa Laborda, Mirella Leñas, Simona Marquesa, Dolores Oliver, Dolores Oriopina, and Asunción Sanz (1987).

18. María Tena, 77 years old in 1985, of Cantavieja (Teruel), recited ballads as she tended her flock of sheep and goats.

17. María "La Cabrera" from Valbona (Teruel): my first informant of 1985, who sat and sang many different ballads for several hours.

19. Manuel Záeta orente, 90 years old in 1985, of Cantavieja (Teruel). He loved to recite and entertain his neighbors.

21. Amalia Murciano, 75 years old, of Valdecuenca (Teruel), who recited versions of *Abenámar* and *Doña Alda* that she learned when she was 5 years old (1985).

20. Isabel Ramos, 87 years in 1985, from Ababuj (Teruel).

22. Matilde Guillén, 83 years, of Formiche Alto (Teruel) in 1985.

241

Bibliography

Aragonese Publications

Alvar, Julio. *Cancionero popular aragonés.* 8 folders. Zaragoza: Guara Editorial, 1983.

Arnaudas Larrode, Miguel. *Colección de cantos populares de la Provincia de Teruel.* Turolenses (C.S.I.C.), 1982.

Gella Iturriaga, José. *Romancero aragonés.* Zaragoza: El Noticiero, 1972.

Marín, Pedro. *Contribución al romancero español.* Zaragoza: Institución Fernando el Católico (C.S.I.C.), 1950.

———. *Contribución al romancero español. Separata de Archivo de Filología Aragonesa V.* Zaragoza: Institución Fernendo el Católico (C.S.I.C.), 1953.

Romances populares del Alto Aragón, recopilados por alumnos del Instituto de Formación de Sabiñáñigo. Sabiñáñigo, 1984.

Romances tradicionales y canciones narrativas existentes en el folklore español. Barcelona: Instituto Español de Musicología, 1945.

Selected Hispanic *Romanceros*

Armistead, Samuel G. *The Spanish Tradition in Louisiana, I: Isleño Folkliterature.* Newark, Del.: Juan de la Cuesta, 1992.

Armistead, Samuel G., and Joseph H. Silverman. *Judeo-Spanish Ballads from New York collected by Mair José Benardete.* Berkeley: University of California Press, 1981.

Armistead, Samuel G., et al. *El romancero judeo-español en el Archivo Menéndez Pidal (Catálogo-Indicede romances y canciones)*, 3 vols. Madrid: Cátedra-Seminario Menéndez Pidal, 1978. [abbrev. CMP]

—————. *Romances judeo-españoles de Tánger (recogidos por Zarita Nahón)* Madrid: Cátedra-Seminario Menéndez Pidal, 1977.

Armistead, Samuel G., and J. H. Silverman. *The Judeo-Spanish Ballad Chapbooks of Yacob Abraham Yoná*. Berkeley: University of California Press, 1971.

Beutler, Gisela. *Estudios sobre el romancero español en Colombia*. Bogotá: Instituto Caro y Cuervo, 1977.

Costa Fontes, Manuel Da. *Romanceiro português do Canadá*. Coimbra: University of Coimbra, 1979.

—————. *Romanceiro português dos Estados Unidos, I. Nova Inglaterra*. Coimbra: University of Coimbra, 1980.

—————. *Romanceiro português dos Estados Unidos, II. California*. Coimbra: University of Coimbra, 1983.

—————. *Romanceiro da Ilha de S. Jorge*. Coimbra: University of Coimbra, 1983.

—————. *Romanceiro da Província de Trás-os-Montes*, 2 vols. Coimbra: University of Coimbra, 1987.

Cruz-Sáenz, Michèle S. de. *El romancero tradicional de Costa Rica*. Newark, Del.: Juan de la Cuesta, 1986.

Peterson, Suzanne H. *Voces nuevas del romancero castellano-leonés*. 2 vols. Madrid: Gredos, 1982.

Piñero, Pedro M., et al. *El Romancero: tradición y pervivencia a fines del Siglo XX*. Cádiz: Fundación Machado, 1989.

Index of Text-Types

245

J. True Love:

15. J1/J1: El conde Niño (*á*)/The count Niño
18*b, c, d, e.* J2/J2: La aparición (*é–a*)/The apparition
16. J2/J3: ¿Dónde vas, Alfonso XII? (*i*)/Where are
    you going, King Alfonso XII?
17. J2/J3: Pobre Almudena (*i*)/Poor Almudena
18. J3/J4: El quintado (*é–a*)/The new recruit
19. J4/J6: ¿Por qué no cantais la bella?
    (*é–a*)/Why does the maiden not sing?
20. J4/: ¿Por qué no cantáis la bella? (*a lo divino*)
    (*é–a*)/Why does the Virgen not sing?
21. J4.1/: La Virgen se está peinando (*i*)/The Virgen
    is combing her hair
22. J4.2/: La Virgen está lavando (*é–o + í–a*)/The
    Virgen is washing

K. Unhappy Love:

15*c, j, k, p, s.* K9/: Guardadora de un muerto (*á*)
    /Guardian of a dead man
52*a.* K12/K5: No me entierren en sagrado (*á–o*)/Bury
    me not in holy ground

L. The Unfortunate Wife:

23. L4/L3: La mala suegra (*á–e*)/The evil mother-in-law
24. L6/: La calumnia de la reina (*á–a*)/ The calumny of the
    queen

M. Adultresses:

25. M5/M12: La adúltera (*é–a*)/The adulteress
26. M5.1/: La adúltera (*ó*)/The adulteress
27. M10/M6: La infanticida (*é–a*)/The infanticide

P. Incest:

28. P1/P1: Silvana (*í–a*)/Silvana
29. P2/P2: Delgadina (*á–a*)/Delgadina
30. P3/: El hermano infame (*polias.*)/The incestuous brother

Q. Seductresses:

31. Q1/Q1: Gerineldo (*í–o*)/Gerineldo
32. Q3/Q3: La pedigüeña (*polias.*)/The greedy girl
33. Q4/Q2: El segador (*á–a*)/The harvester

R. Seduced Women:

34. R3/R2: La infanta parida (*á–a*)/The seduced princess
31*h*. R6/R3: La mala hierba/The bad weed

S. Various Amorous Adventures:

35. S12/: El rondador rechazado (*é–o*)/The rejected suitor
36. S15/Z1: Escogiendo novia (*é*)/Choosing a bride
37. S16/: La viudita del Conde Laurel (*polias.*)/The
     widow of Count Laurel

U. Religious Themes:

38. U3/U39: El rey marinero (*polias.*)/The mariner king
39. U8/: El robo del sacramento (*á–o*)/The theft
     of the holy sacrament
40. U9[U3]/U29[U39]: Santa Catalina (*á–a*)/Saint Catherine
41. U10/U32: Santa Irene (*á–a*)/Saint Irene
42. /U16.0: Virgen camino al Calvario (*á–o*)/Virgin
     going to Calvary
43. /U18: Camina la Magdalena (*á–a*)/Mary Magdalen
     goes to Jerusalem
44. /U41: La fuente fría (*polias.*)/The cold fountain
45. /U42: La fé del ciego (*é*)/The blind man's faith
46. /U52: San José y la Virgen caminan a las montañas
     (*é–o*)/Saint Joseph and the Virgen walk to the mountains
47. /U69: Jesucristo se ha perdido (*polias.*)/Jesus is lost
48. /U69.1: El zapato de Jesucristo (*polias.*)/Christ's shoe
49. U71: El milagro del trigo (*polias.*)/The miracle of the
     wheat
50. U72: San Lázaro (*polias.*)/Saint Lazarus
51. U74: Santa Orosia (*polias.*)/Saint Orosia

W. Animals:

X. Various Subjects:

Index of Informants

Abad, Carmen, 57, Berdún (Huesca), 9/7/87; 13e, 16i, 18a, 33b, 56e.
Abadía Litosa, Gloria, 62, Leciñena (Zaragoza), 19/7/87; 55i.
Abaz, María Angeles, 12, Calamocha (Teruel), 23/7/85; 15–l, 56n.
Alegría, María, 77, Cedrilla (Teruel), 21/7/85; 20f, 54g.
Alejandro, 55, Sos del Rey Católico (Zaragoza), 6/7/80: 15s.
Anuncio, Dolores, 62, La Peña (Huesca) 8/7/87; 15b, 44a, 55b.
Ara Blasco, María, 79, Ara (Huesca) 8/7/80; 41c, 51a.
Aranda, Clara, 80+, Jaca (Huesca), 7/7/87; 29b, 55a, 56c
Araus, Angel, 78, Tabuenca (Zaragoza), 22/7/87; 8i, 10e, 13o, 32b.
Arilla Bueno, Nicolas, 92, Ibieca 92, Ibieca (Huesca), 20/7/87; 16q.
Arras Rodríguez, Irene, 86, Villafranca de Ebro (Zaragoza), 19/7/87; 16p, 56j.
Arroyo, Rosa, 60+, Villarluengo (Teruel) 17/7/85; 5; 15q, 21b.
Augustín, Valentín, 78, Zaragoza (Zaragoza), 26/7/87; 8k, 32c.
Avaro, Faustino, 72, Sabiñañigo (Huesca), 5/7/87; 31a.

Barués, Bienvenida, 75, Leciñena (Zaragoza), 19/7/87; 39a.
Belilla, Feliz, 65, Torrijo de la Cañada (Zaragoza) 30/7/87; 8m.
Benedicto, Luisa, 75, Gea de Albarracín (Teruel), 15/7/85; 16w.
Berches, Carmen, 70, Pueyo de Santa Cruz (Huesca), 21/7/87; 10d, 13–l.

Bielsa Paguna, María, 80, Jaca (Huesca), 7/7/87; 16b, 53b, 56b.
Bielsa Ramón, Luis, 82, Leciñena (Zaragoza), 19/7/87; 8f.
Boliviar, 77, Albalatillo (Huesca), 11/7/87; 24c.
Borao, Tomás, 50, Castiliscar (Zaragoza), 27/7/87; 29i.
Boraugodas, Purificación, 82, Santa María de la Peña (Huesca), 9/7/87; 13d, 16i, 18a, 56e.
Broto, María, Pozán de Vero (Huesca) 10/7/80; 18h, 31p, 36a, 38a, 55o.
Broto, Sr., Posán de Vero (Huesca) 10/7.80; 52h.

Campo Verde, Cristina, 70, Azahara (Huesca), 15/7/87; 16n, 31d.
Carcas, Feliciana, 72, Gallur (Zaragoza), 21/7/87; 7a, 13m, 16s.
Carmen, 45, Biescas (Huesca), 7/7/80; 10–l, 26b.
Carruesco, Bernardino, 79, Perdiquero (Huesca), 15/7/87; 15g.
Casas Armández, Julia, 75, Uncastillo (Zaragoza), 29/7/87; 13t.
Cerecedes, Araceli, 30, Borau (Huesca), 8/7/87; 13b, 32a, 57a, 59a.
Cerrador Zagarra, Manuela, 90, Sariñena (Huesca), 11/7/87; 11c, 16k, 16–l, 55g.
Cerrate, Simón, 74, Castejón de Monegros (Huesca), 12/7/87; 35a.
Chabeles, María, 69, Sabiñáñigo (Huesca), 7/7/87; 8a.
Clavería Huértalo, Alejandro, 66, Berdún (Huesca), 9/7/87; 16g.

249

Index of First Verses

Index of Ballad Titles

Index of Music